うちの
豆皿つまみ
絶品レシピ

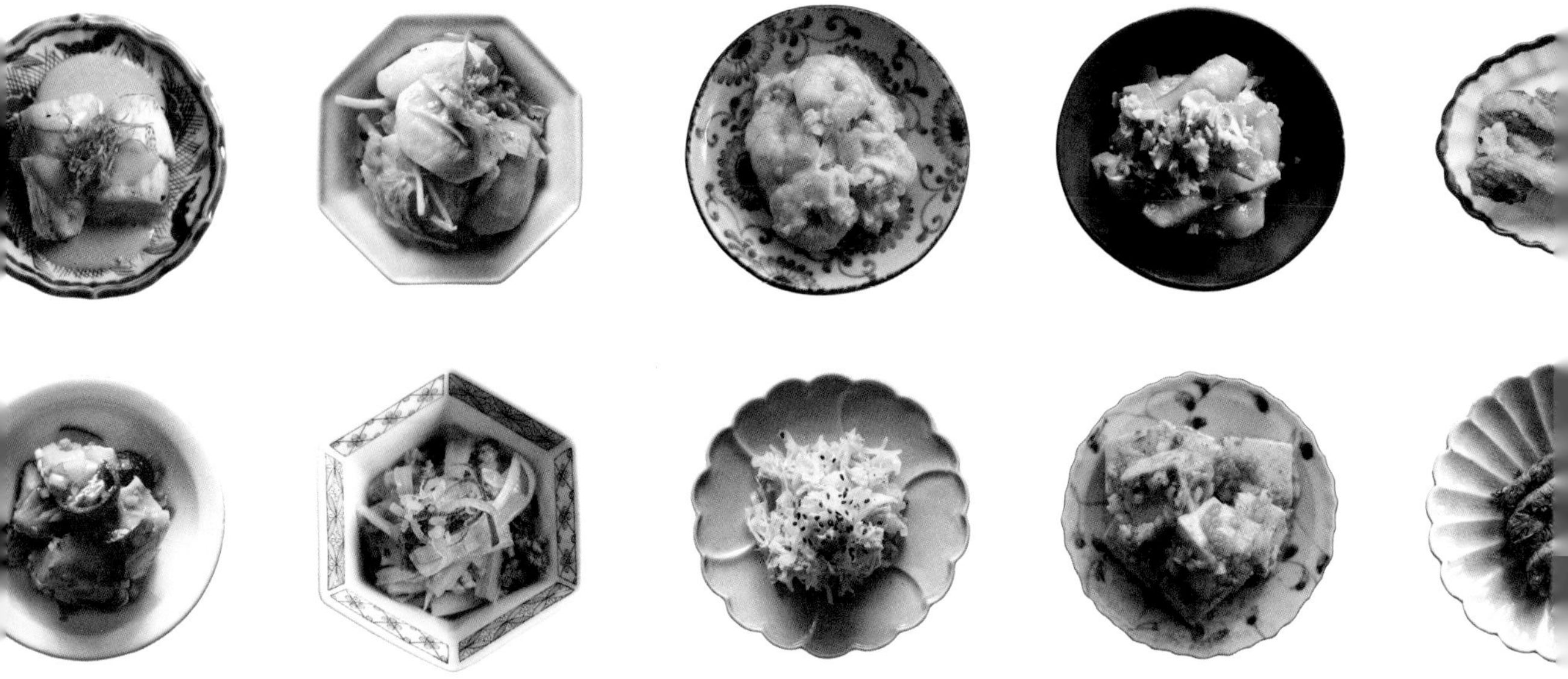

はじめに

あなたは、家でどんなおつまみを作りたいですか？
まずはやっぱり、自分が飲みたいお酒に合う料理。
お店で出てくるような、気のきいた素材使いや組み合わせ、
いつもとは違う新鮮な味付けだと、さらに心が躍ります。
とはいっても、お店のように凝った料理はハードルが高いので、
近所のスーパーで買える食材で、思い立ったときに簡単に作れて、
さらに日持ちもするなら、リアルな家飲みのお供になりそうです。

豆皿つまみ、という言葉は知っていますか？
手のひらサイズの小皿にちょこんと盛られたつまみのこと。
それらを何品かテーブルに並べて、
いろいろな味を少しずつ楽しむスタイルが、家飲み派に人気です。

少量ですぐに作れるものや、作り置きできるものも多いので、
忙しい日でも、あっという間にテーブルが賑やかになりますし、
少し余裕がある平日や、のんびりできる休日は、
ゆっくり料理に向き合い、リラックスした時間が過ごせそうです。

本書では、6人の料理人や料理研究家の方々に
それぞれがお得意なテーマで「豆皿つまみ」を提案してもらいました。
小さな皿の上にのせる料理は、各々が考えるオリジナルな豆皿つまみの世界。
どんなおつまみだったら、お酒の時間が楽しくなるか、
どんな豆皿にどう盛ったら、料理が映えるかを考えて、
お手持ちの豆皿の中から選んで盛り付けてもらいました。

あなたのお酒とおつまみの時間が、より愉しいものになりますように。

[本書の決まり]
＊大さじ１は 15 mℓ、小さじ１は 5 mℓ、１カップは 200 mℓ です。
電子レンジは 600 W を基準にしています。
＊だし汁はかつお昆布だしが基本ですが、好みのものをお使いください。
＊レシピに記載してある加熱時間、保存期間は目安です。
お使いの調理器具や環境によって変わりますので、
様子を見て調整や判断をしてください。
＊分量を２人分と記載しているレシピについて、
豆皿に合わせて１人分より少なく盛り付けている場合もあります。

目次

大野尚人さんの お酒がすすむ飲み屋のつまみ ……06

ワタナベマキさんの 和えるだけ野菜つまみ ……20

上田淳子さんの 10分でできるアツアツつまみ ……36

飛田和緒さんの

つまみになる常備菜……50

加藤里名さんの

粉ものつまみ……66

冷水希三子さんの

フルーツとハーブのつまみ……82

Column

大野尚人さんの
お酒がすすむ
飲み屋のつまみ

小さな店の静かなカウンターに座り、
好みのお酒に合わせて、豆皿に盛られた
おつまみを、ちょっとずつ味わう。
酒場ならではのそういった愉しみ方を
自宅で再現してみませんか？

料理人、大野尚人さんが提案するのは、
メニュー名からしてそそられる
趣向を凝らした飲み屋のつまみ。

お店の料理を、家庭で作りやすく。
そんな思いが込められた料理の数々です。

おおの・ひさと

飲食店に勤務後、2013年に「酒亭沿露目（ぞろめ）」を東京・門前仲町にオープン。その後、2016年に「酒肆一村（しゅしいっそん）」、2022年に月島に「酒房蛮殻（ばんから）」を立ち上げる。生粋の酒場好きで、時間があればひとりで飲み歩き、日々料理の研究を欠かさない。

1

できたても、翌日もおいしい

鯛のごまだれ

→レシピ p.10

2

ねっとり、濃厚なうまみ

甘えびの酒盗和え

→レシピ p.10

3

ケッパーがさわやかにまとめる

かつおのタルタル

→レシピ p.11

4

ふんわり、新食感！

いわしの蒸しつみれ

→レシピ p.11

1 鯛のごまだれ

白身魚をごまだれで和えたもので、
鯛茶漬けの上の部分。塩をふるか霜降りをして
魚の臭みを取るのがおいしさの秘訣です。

材料（2人分）
鯛（刺身用）　90g
A｜酒（煮切ったもの）　大さじ½
　｜みりん（煮切ったもの）　大さじ½
　｜しょうゆ　大さじ½
　｜白すりごま　15g
長ねぎ（小口切り）、青じそ（せん切り）
　わさび　各少々

1　鯛は一口大の薄切りにする。臭みを取るために、塩を軽くふって10分ほどおいて水気を拭くか、80度くらいの湯をかけて（霜降り）水気を拭く。
2　**A**の材料を混ぜ合わせ、**1**を加えて和える。
3　器に盛り、長ねぎ、青じそ、わさびを添える（刻みのりをのせても）。作りたてもおいしいが、1日たつとむちっとしてこちらもおいしい。
＊日持ちは冷蔵庫で2日ほど。

2 甘えびの酒盗和え

甘えびを酒盗で和えると
あっさりした塩辛のようなつまみになります。
柚子こしょうやかんずりを加えると味が締まります。

材料（作りやすい分量）
甘えび（刺身用）　200g
酒盗（鯛、まぐろ、かつおなど）　30g
酒　大さじ4
柚子こしょう　少々

1　甘えびは尾を取る。
2　小鍋に酒盗と酒を入れて火にかけ、沸騰したら火を止めてボウルに移して冷ます。
3　冷めたら甘えびを加えて和え、柚子こしょうを加えて味を調える。1日おくとねっとりしておいしい。
＊日持ちは冷蔵庫で1週間ほど。

魚料理には日本酒。
豆皿におちょこ、箸置きと、
目で、舌で、
小さな世界を楽しんで。

日本の刺身を洋風調味料で
アレンジ。
クラッカーにのせて食べても。

3 かつおのタルタル

本来は牛肉で作るタルタルステーキ。
赤身のかつおはマヨネーズやにんにくとも相性がよく、
おすすめです。
ケッパーとマスタードがいいアクセントに。

材料（2人分）
かつお（刺身用またはたたき用）　150g
A
紫玉ねぎ（みじん切り）　20g
にんにく（みじん切り）　4g
ケッパー（酢漬け・みじん切り）　20g
粒マスタード　8g
マヨネーズ　10g
塩　ふたつまみ
しょうゆ、こしょう　各少々

1　かつおは小さめの角切りにする。
2　**A**の材料を混ぜ合わせ、**1**を加えて和える。
＊日持ちは冷蔵庫で2日ほど。

4 いわしの蒸しつみれ

つみれは通常、湯に落としますが、
蒸すことで味を閉じ込め、
ふわっとした食感も楽しめます。
できるだけなめらかなペースト状にすること。

材料（5個分）
いわし（三枚おろし・皮付き）　3尾
はんぺん　30g
長ねぎ（みじん切り）　15g
しょうが（みじん切り）　15g
みそ（あれば田舎みそ）　5g
わさび　少々

1　いわし、はんぺん、みそをフードプロセッサーに入れて（またはハンドブレンダーで）なめらかなペースト状にする。ボウルに移し、長ねぎとしょうがを加えて混ぜる。
2　**1**をスプーンですくい、手のひらにのせて楕円形に成形する。スプーンを水でぬらすと表面がなめらかになる。
3　ボウルや耐熱皿にオーブンシートを敷いてから**2**を入れ、蒸気が上がった蒸し器で7分蒸す。
4　好みでわさびをつけて食べる。

水をつけたスプーンで
なぞるように成形すると、
蒸し上がったときに
表面がつるんとしてきれいに。

牡蠣の黒こしょう煮

5

牡蠣は加熱調理するなら、加熱用を。
ポイントは、中までぎりぎり火が通って、
ぷっくりした状態で完成させること。

材料（作りやすい分量）
牡蠣（加熱用・むき身）　8個
A｜しょうゆ、みりん、酒　各45g
｜砂糖　15g
｜しょうが（せん切り）　10g
黒こしょう　適量

1　牡蠣は塩（材料外）をふってやさしくもみ、水できれいに洗う。80度くらいの湯にさっとくぐらせて（霜降り）臭みを取り、水気を拭く。
2　鍋に**A**を入れて火にかけ、沸騰したら**1**を入れ、落としぶたかアルミホイルをのせ、弱火で3分ほど煮る。裏返して1分ほど煮て、余熱で火を入れ、両面に味を含ませる。火を入れすぎるとかたくなるので注意。金串を刺して金串が温かければ、中まで火が通っている目安。
3　最後に黒こしょうをふり、味が染みるまでおく。冷蔵庫で冷やしたものもおいしい。
＊日持ちは冷蔵庫で5日ほど。

牡蠣の下ごしらえもポイント。
ひらひらの部分までよく洗い、
湯にくぐらせたらすぐに
取り出します。

たらこの粕漬け

6

定番つまみのたらこも、粕漬けにすると
ひと味違います。軽くあぶって、
中は生のままの二層の食感も楽しい。

材料（作りやすい分量）
たらこ　6本
酒粕（練り粕）　100g
西京みそ　100g
一味唐辛子　少々
大根おろし、しょうゆ　各適量

1　酒粕と西京みそ、一味唐辛子を混ぜ合わせる。
2　容器（またはラップ）に**1**の半量を広げ、ペーパータオルでたらこを挟んでのせ、残りの**1**をのせて覆う。冷蔵庫で2日ほどおく。
3　食べるときに軽くあぶる。食べやすい大きさに切って器に盛り、大根おろしを添え、しょうゆをかける。
＊粕床に漬ける食材は、たらこ以外に豆腐や魚、肉でも。

セロリとラム肉のきんぴら

7

セロリとラム肉は好きな組み合わせ。
定番のきんぴらをアレンジして、
日本酒にもワインにも合うつまみに
変身させました。

材料（作りやすい分量）

セロリ　250g
ラムひき肉　200g
クミンシード　小さじ2
ごま油　大さじ1
A｜カレー粉　小さじ2
｜しょうゆ　大さじ2
｜みりん　大さじ2
｜砂糖　小さじ1
みょうが（小口切り）　少々

1　セロリは5cm長さに切ってから縦に薄切りにする。
2　鍋にごま油とクミンシードを入れて火にかけ、香りが出たらラム肉を加えてパラパラになるまで炒め、いったん取り出す。後でまた火を入れるので炒めすぎないこと。
3　**2**の鍋にセロリを入れ、しんなりするまで炒める。**A**を加えて煮立たせ、**2**を戻し入れて煮汁がなくなるまで中火で煮る。煮詰めすぎないように注意。器に盛り、みょうがをのせる。

＊ラムのひき肉がなければ、薄切りを刻んでもよい。
＊日持ちは冷蔵庫で5日ほど。

うずら卵のにらじょうゆ漬け

8

うずら卵は水煮でなく生のものをゆでると
おいしさが違います。中華風の漬けだれで、
紹興酒や濃いめのお酒にも合います。

材料（作りやすい分量）

うずら卵　10個
A｜にら（小口切り）　1束
｜酒　大さじ1
｜しょうゆ　大さじ3
｜オイスターソース　大さじ½
｜ごま油　大さじ½
｜砂糖　小さじ½
サラダ油　大さじ4
白いりごま　少々

1　鍋にうずら卵と水を入れて火にかけ、沸騰してから2分30秒ゆでる。冷水に取ってしっかり冷まし、殻をむく。うずら卵同士、または台などに打ち付けて全体にひびを入れるとむきやすい。
2　耐熱の保存容器に**A**の材料を合わせておく。
3　小鍋にサラダ油を入れて熱し、**2**に回し入れ、うずら卵を加える。一晩漬けると味が染みる。
4　器に盛り、白ごまをふる。

＊日持ちは冷蔵庫で5日ほど。

柚子こしょう大根

9

定番のお漬けもの、柚子大根に
柚子こしょうを加えてピリ辛に。
薄く切るからすぐに漬かり、
水気を絞らないからいつまでもパリパリ。

材料（作りやすい分量）
大根　250g
A
- 水　500mℓ
- 柚子こしょう　10g
- 柚子の皮（細切り）　½個分
- 柚子果汁　50g
- 米酢　90g
- 砂糖　40g
- 塩　4g

1　大根は皮をむいて薄いいちょう切りにする。
2　ポリ袋に**A**の材料を合わせ、**1**を入れてしんなりするまで漬ける。
＊日持ちは冷蔵庫で5日ほど。

漬け液を作って大根を入れるだけ。
塩もみしたり、重しをしたり
しないので、時間がたっても
パリパリした食感を楽しめます。

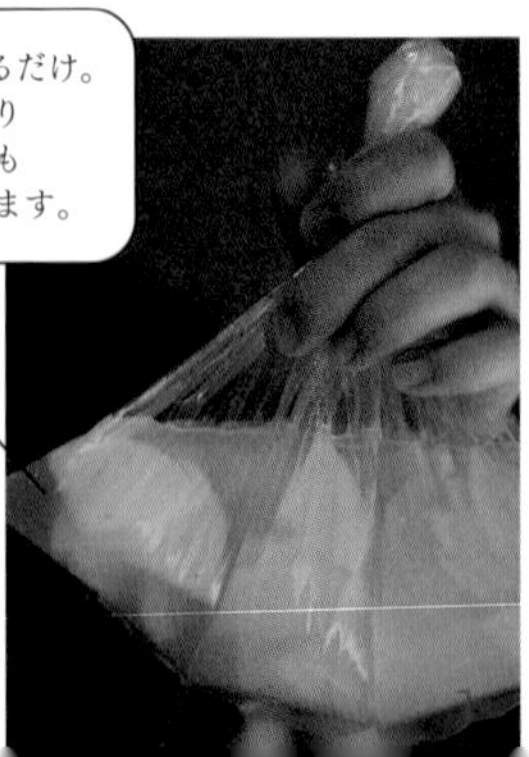

焼きなすのごま酢がけ

10

極上の焼きなすを作るには
ほどよく水分を抜きながら焼くこと。
身が崩れずに形が美しく、
料亭のような一皿ができます。

材料（2人分）
なす　1本
A
- 砂糖　小さじ1
- だし汁　大さじ1
- 薄口しょうゆ　小さじ2
- みりん　小さじ2
- 米酢　小さじ4
- 白練りごま　30g

青じそ（せん切り）　少々

1　なすはヘタの部分を切り落としてお尻も少し切り落とし、包丁で皮目に2本浅く切り目を入れる。お尻から金串を差し込んで穴を開けると、ほどよく蒸気が抜けてしっかりした焼きなすができる。
2　**1**を魚焼きグリルで6分焼き、裏返して5分焼く（片面焼きの場合）。熱いうちに皮をむき、さらに魚焼きグリルで表面に軽く焦げ目をつける。
3　**A**の材料を混ぜ合わせ、ごま酢だれを作る。
4　**2**の粗熱が取れたら食べやすく切って器に盛り、**3**を適量かけ、青じそをのせる。冷やした焼きなすもおいしい。

きのこの南蛮漬け

11 うまみたっぷりのきのこに、酸味のきいただし。前菜や箸休めにもうれしいさっぱりしたつまみです。

材料（作りやすい分量）

きのこ（エリンギ、まいたけ、マッシュルームなど）

　合わせて250g

ごま油　大さじ1

A｜だし汁　100mℓ

　｜米酢　50g

　｜薄口しょうゆ　25g

　｜みりん　25g

　｜赤唐辛子（小口切り）　1本

1　エリンギは長さを半分に切って縦4等分に切る。まいたけは食べやすい大きさに裂く。マッシュルームは汚れを取る。

2　鍋にごま油を中火で熱して**1**を入れ、きのこがしんなりして焦げ目が軽くつくまで、ふたをして蒸し炒めにする。火を入れすぎると縮むので、余熱も計算してプリプリ感を残すようにする。

3　全体に火が通ったら**A**を加え、煮立ったら火を止める。冷めると味が染みる。

＊日持ちは冷蔵庫で5日ほど。

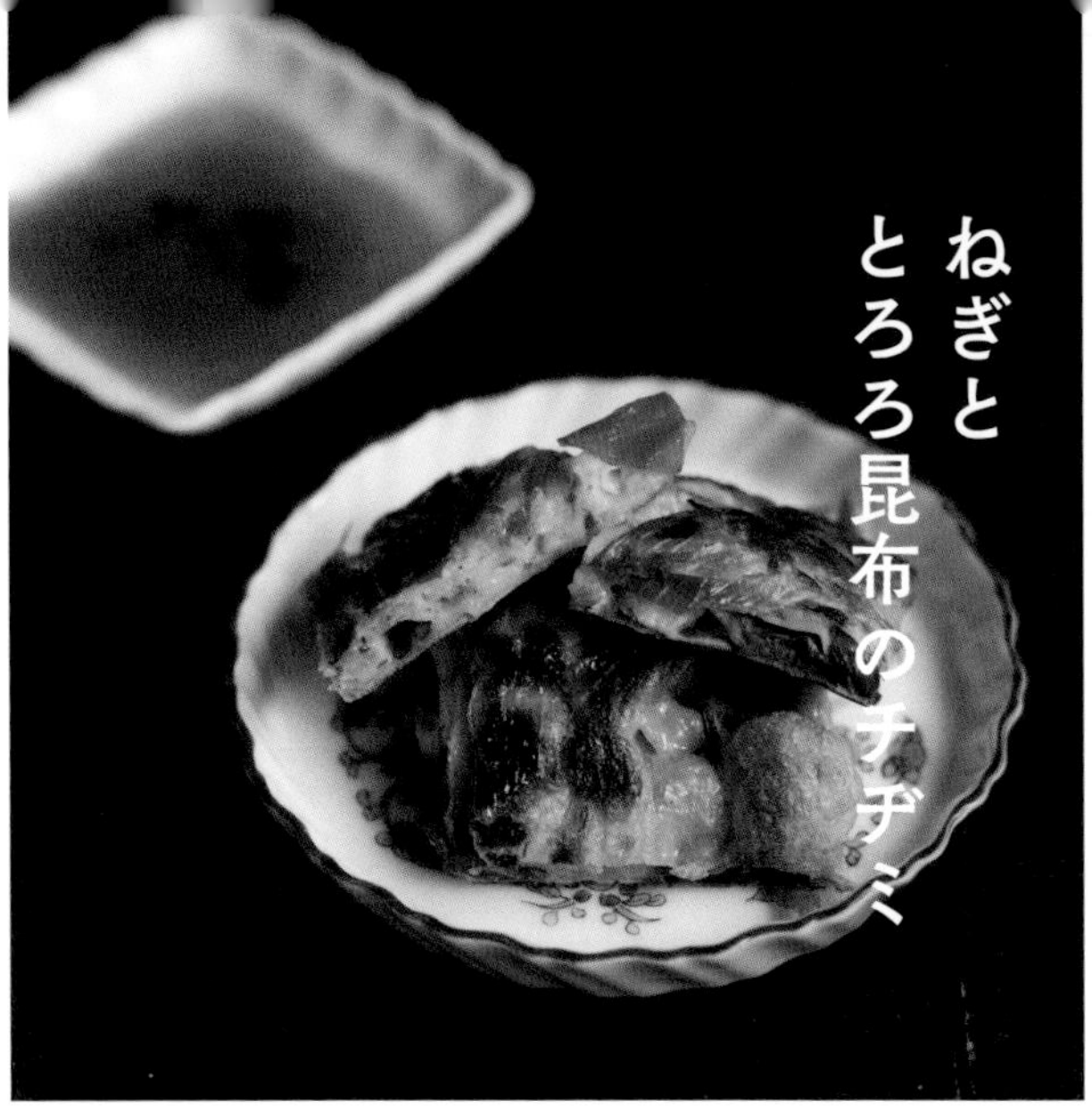

ねぎととろろ昆布のチヂミ

12 海鮮などの具が入ったチヂミはそれだけでおなかに溜まりますが、こちらはつまみ感覚のチヂミ。多めの油でカリッと揚げ焼きにします。

材料（1枚分）

九条ねぎ　25g

A｜とろろ昆布　5g

　｜卵（溶きほぐす）　1個

　｜強力粉　28g

　｜上新粉　12g

　｜しょうゆ　小さじ1

　｜だし汁　50mℓ

サラダ油　大さじ1

［たれ］

薄口しょうゆ　大さじ1

米酢　大さじ½

ラー油　少々

1　九条ねぎは5cm長さの斜め切りにする。ボウルに九条ねぎと**A**を入れて混ぜ合わせる。

2　フライパンにサラダ油を中火で熱し、**1**を広げ入れる。こんがりしたらひっくり返し、裏面もこんがりするまで焼く。

3　食べやすい大きさに切って器に盛り、たれの材料を別皿に入れて添える。

一度に作って保存できる

焼売やワンタンはたくさん作って食べきるもの……
ではなく、作っておいて保存もできます。
焼売は蒸してから冷蔵、ワンタンは包んでから冷凍と、
それぞれに合わせて保存の仕方が変わります。

13 豚肉ときのこの焼売

蒸し器に入れるとき、
皮同士がくっつくと破れてしまうので、
少し間を空けて入れます。
冷蔵保存した焼売は、蒸し器などで
温め直せばおいしく食べられます。

店の名物料理でもある焼売は
通常よりも大きめ。春はたけのことふきのとう、
夏はとうもろこしと青じそ、秋はきのこ、
冬はかにと、季節の食材を入れて作ります。

材料（約 15 個分）
豚ひき肉　250g
しめじ　70g
玉ねぎ　½個
A
- 卵（溶きほぐす）　½個分
- しょうが（すりおろす）　8g
- 片栗粉　50g
- 西京みそ　18g
- しょうゆ　小さじ 2
- 酒、ごま油　各大さじ 1½
- 砂糖、塩　各小さじ ½

焼売の皮　15 枚
練り辛子、しょうゆ　各適量

1　しめじは石突きを切って 1 本ずつに分け、長さを半分に切り、上部は飾り用に、下部はみじん切りにする。玉ねぎはみじん切りにする。
2　フライパンにサラダ油少々（材料外）を熱し、みじん切りにしたしめじと玉ねぎを入れて軽く色づくまで炒め、塩（分量外）、こしょう（材料外）を軽くふる。バットなどに移し、しっかり冷めるまでおく。
3　ボウルに豚ひき肉、**2**、**A** を入れて糸が引くくらいまで一気に混ぜる。冷蔵庫で 30 分ほど（できれば 1 日）寝かすと味がなじんでおいしい。
4　焼売の皮に **3** をのせて（1 個 40g を目安に）包み、しめじのかさを真ん中に差し込む。
5　蒸し器に **4** をくっつかないように並べ入れ、蒸気が上がってから中火で 7 分蒸す。
6　器に盛り、練り辛子としょうゆを添える。
＊日持ちは蒸し上がった状態で冷蔵庫で 3 日ほど。

14 ワンタン 貝割れしょうがじょうゆ

ワンタンはつるんとした皮がおいしい料理。
しょうがじょうゆオイルをかけて、
一口サイズのおつまみに。
ゆで時間も短く、意外と気軽にできます。

材料（約30個分）

A
- 豚ひき肉　200g
- 長ねぎ　30g
- しいたけ　30g
- たけのこ（ゆでたもの）　15g
- しょうがの絞り汁　小さじ1
- 酒　小さじ1
- しょうゆ　小さじ2
- ごま油　小さじ2
- こしょう　少々

ワンタンの皮　1袋（30枚）
貝割れ菜　30g
しょうが（せん切り）　10g
しょうゆ　小さじ1
サラダ油　大さじ1強

1　長ねぎ、しいたけ、たけのこはみじん切りにする。**A**をボウルに入れて混ぜる。
2　ワンタンの皮に**1**をのせ（1個10gを目安に）、縁に水をつけ、三角形に折って空気を抜きながら包む。
3　沸騰した湯で**2**を2～3分ゆでて器に盛る。
4　ボウルに根元を切った貝割れ菜、しょうが、しょうゆを入れ、フライパンで熱々に熱したサラダ油を回し入れる。
5　**3**に**4**を適量かける。
＊日持ちは包んだ状態で冷凍庫で2週間ほど。

中央に肉だねをのせて三角形に
折りたたむだけなので簡単。
この状態で冷凍保存し、
食べるときに冷凍のまま湯に入れます。

大野さんに教わる

料理とお酒の合わせ方

「ビール、日本酒、レモンサワー、ホッピー編」

日本酒、レモンサワー、
ホッピーを
それぞれメインにした
3店舗を手掛ける大野さん。
それぞれのお酒の特徴と、
それらに合う料理を
教えてもらいました。

料理とお酒を合わせるときは、お酒の種類ではなく味の強さで選ぶとわかりやすいです。基本的には、強いお酒には強い料理、やさしいお酒にはやさしい料理がよく合います。苦みや酸味は特に強い味覚ですが、それを補うためにはより強い味を重ねると、口の中でバランスが取れます。ただ、ずっと濃い味のものを食べ、飲み続けると疲れてしまいますよね。味の濃い生酒などは、炭酸水や水で割るのもおすすめです。

味を構成する要素は、甘み、塩味、酸味、苦み、うまみの5つで、お酒の中でも日本酒は味の構成のバランスがよく、強すぎないものが多いので、さまざまな料理に合います。また、酸味が強すぎないレモンサワーや、ホッピーも食中酒にはぴったりです。

● ビール

一般的なビールは苦みが強いので、それに負けないくらいのパンチがある料理など、全般的に濃い味が合う。たとえば、揚げものやにんにくを使った料理など。クラフトビールは苦み以外の要素がプラスされているため、そのままで飲むのがおいしい。

● 日本酒

うまみ、甘み、酸味が組み合わさり、苦みはない。生酒など濃い酒には、チーズなどの濃い食材が合うが、味の要素がそぎ落とされたお酒には、そぎ落とされた料理が合う。たとえばぬか漬けや、昆布・かつお節・しょうゆの料理など。

● レモンサワー

酸味や甘み、苦みがあまりなく、淡い味のレモンサワーのほうが料理には合う。たとえば、甘み、酸味、苦みがどれも強いカクテルは、それだけで完成されているので、料理とは合わせづらい。余白があるところに料理の味が入る隙がある。

● ホッピー

香りがなく淡泊な甲類の焼酎を、ビール風味飲料（ホッピー）で割ったお酒。ビールよりもやさしい味で、さらさらと飲める。ホッピーに合う料理はビールと同じと考えてよいが、ビールに合う料理ほどパンチがきいてなくてもよい。

極上のレモンサワー＆ホッピーの作り方

「酒《しゅ》肆《し》一《いっ》村《そん》」ではレモンサワー、「酒房蛮《ばん》殻《から》」ではホッピーと、それぞれの店でオリジナルのドリンクが人気。どちらにも通じるキーワードは「三《さん》冷《れい》」。お酒、割るもの、グラスをキンキンに冷やすのがポイントです。

極上のレモンサワー

焼酎ではなくジンを使い、トニックウォーターと少量の炭酸で割るのが「酒肆一村」流。やさしい酸味でほどよく甘さもある、料理に合わせやすいレモンサワーです。

材料（1杯分）
ジン（ビーフィーター）　45mℓ
トニックウォーター　125mℓ
炭酸水　20mℓ
レモン果汁　10mℓ
レモンの皮　適量

1　グラスとジンは冷凍庫でキンキンに冷やしておく。トニックウォーター、炭酸水、レモン果汁は冷蔵庫で冷やしておく。
2　グラスに氷をギチギチに入れ、ジンを注ぎ、マドラーで混ぜる。トニックウォーター、炭酸水、レモン果汁を注いで混ぜる。最後に少量の炭酸水（分量外）をゆっくり注ぐと、最初の口当たりがシュワッとする。
3　レモンの皮を搾って香り付けをする。さらにグラスの口やグラスを手で持つ部分にもレモンの皮をなでるように付け、グラスに入れる。

極上のホッピー

「酒房蛮殻」のホッピーはまるでクラフトビール。氷は入れず、お店では最後に泡を注ぎます。割る焼酎（ナカ）はさまざまな焼酎を試した結果、キンミヤ焼酎がベストでした。

材料（1杯分）
キンミヤ焼酎　45mℓ
ホッピー（白または黒）　300mℓ

1　グラスとキンミヤ焼酎は冷凍庫でキンキンに冷やしておく。ホッピーは冷蔵庫で冷やしておく。
2　グラスにキンミヤ焼酎を入れ、ホッピーを注ぐ（氷は入れない）。最初は高めから入れて泡を作り、泡ができたらグラスを傾けてゆっくり注ぐ。

ワタナベマキさんの
和えるだけ野菜つまみ

家にある食材や調味料を組み合わせ、
ささっと和えて、パッとおつまみに。
お酒のアテは、そのくらい気軽なほうが
繰り返し作り続けられそうです。

食材の組み合わせのセンスが抜群の
ワタナベマキさんには、
簡単でシンプルなのに驚きのある
野菜のおつまみを教えてもらいました。

いつもの食材×アクセントになる香りが
おいしさのキーワードのようです。

わたなべ・まき

料理家。2005年に「サルビア給食室」を立ち上げ、料理の仕事を始める。旬の素材を生かした、作りやすくて丁寧なレシピが人気を呼び、雑誌、書籍、広告、テレビなどで幅広く活躍している。センスのよい暮らしぶりにファンも多い。

1

ザーサイがアクセント

れんこんと ザーサイの白和え

→レシピ p.24

2

さわやかな東南アジアの味

なすときゅうりの ヤム

→レシピ p.24

3

組み合わせの妙！

焼きまいたけと アボカドの山椒風味

→レシピ p.25

4

エキゾチックなポテサラ

カリフラワーと じゃがいものクミン和え

→レシピ p.25

1 れんこんとザーサイの白和え

塩漬けのザーサイを加えると、
いつもの白和えも、ぐんと新鮮に。
調味料は、しょうゆをほんの少しだけ。

材料（2人分）
れんこん　150g
ザーサイ（塩漬け）　20g
木綿豆腐　½丁（150g）
白いりごま　大さじ1
酒　大さじ1
薄口しょうゆ　小さじ2

1　豆腐は倍量の重しをして30分おき、水切りをする。
2　ザーサイは薄切りにし、水に10分さらして塩抜きをし、みじん切りにする。れんこんは皮をむいて2mm厚さの半月切りにし、水にさらす。
3　沸騰した湯に酒を入れ、れんこんを入れて1分ゆでる。ざるに取り水気を拭く。
4　すり鉢に白ごまを入れてすり、**1**、薄口しょうゆを加えてすり混ぜる。
5　**3**、**2**を加えて和える。器に盛り、白ごま少々（分量外）をふる。

ごまをすったすり鉢の中で、
ほかの材料も混ぜ合わせます。
小さめのすり鉢があると、
気軽に白和えが作れます。

2 なすときゅうりのヤム

ヤムとは、タイ料理のサラダのこと。
さっぱりしてうまみの強いドレッシングで、
夏野菜がたくさん食べられます。

材料（2人分）
なす　2本
きゅうり　1本
干しえび　20g
紫玉ねぎ　¼個
A　ナンプラー　小さじ2
　ライム果汁　大さじ1
　赤唐辛子（小口切り）　½本
　砂糖　小さじ1

1　なすは皮に切り目を入れてから、網か魚焼きグリルで皮が焦げるまで強火で焼く。冷水に取り、皮をむいて水気を拭く。
2　きゅうりは縦に2等分にし、スプーンなどで種を取り除き、斜めに7～8mm厚さに切る。
3　干しえびはぬるま湯に10分浸して戻す。水気を切り、ボウルに**A**とともに入れて混ぜ、味をなじませる。
4　紫玉ねぎは薄切りにし、水に3分浸して水気を拭く。
5　**1**を食べやすい大きさに手で裂き、**2**、**4**とともに**3**のボウルに加えて和える。器に盛り、ライムの輪切り（分量外）を搾って添える。

4 カリフラワーと じゃがいものクミン和え

カリフラワーとじゃがいもを一緒にゆでて
合わせることで、ホックリした軽やかな食感に。
クミンが香るエスニック風味です。

材料（2人分）
カリフラワー　¼個（150g）
じゃがいも　1個（150g）
にんにく　½かけ
クミンシード　小さじ1½
白ワイン　少々
塩　適量
レモン果汁、オリーブ油　各大さじ1

1　カリフラワーは小房に分ける。じゃがいもは皮をむき、2cm角に切る。
2　**1**、にんにくを鍋に入れ、白ワイン、塩少々、水をかぶるくらい入れて中火にかける。
3　煮立ったら弱めの中火にし、やわらかくなるまで7～8分煮る。湯を捨て、弱火にかけながら水分を飛ばす。
4　クミンシードはフライパンでから炒りし、香りが立ったら**3**の鍋に加える。塩小さじ⅓、レモン果汁、オリーブ油を加えて和える。

3 焼きまいたけと アボカドの山椒風味

香ばしく焼いたまいたけを
なめらかなアボカドが包み込みます。
すだち＋ナンプラーでキリッと引き締めて。

材料（2人分）
まいたけ　80g
アボカド　½個
塩　小さじ¼
A｜ナンプラー　小さじ1
　｜すだち果汁　小さじ1
　｜ごま油　小さじ2
粉山椒　少々

1　まいたけは食べやすい大きさに裂く。
2　フライパンにごま油少々（分量外）を入れて中火にかけ、**1**を入れてへらで押し付けながら香ばしい焼き目がつくまで焼き、塩をふる。
3　アボカドは種と皮を取り除き、2cm角に切る。
4　ボウルに**2**、**3**、**A**を入れて和える。器に盛り、粉山椒をふる。

5 ささみと香味野菜の梅鬼おろし

通常よりも粗くすりおろせる「鬼おろし」を使うと、
大根の食感が際立ちます。
さっぱりとした香りのよいおつまみです。

材料（2人分）
鶏ささみ　2本
大根　200g
三つ葉　½把
みょうが　1個
梅干し　2個（15g）
酒　大さじ1
しょうゆ　小さじ1
白いりごま　小さじ1

1　鶏ささみは筋を取り除く。煮立った湯に酒を入れ、ささみを入れて1分半ゆでて火を止め、そのまま冷ます。
2　三つ葉は2cm長さに切り、みょうがは小口切りにして水にさっとさらす。
3　大根は鬼おろしなどで粗めにすりおろす。種を除いてたたいた梅干し、**2**、しょうゆ、白ごまを加えて和える。
4　**1**を食べやすい大きさに裂いて**3**に加え、さっと和える。

6 ラムとパクチーの花椒和え

クセのあるラムとパクチーはそれぞれを引き立て合う存在。
そこに、花椒の華やかな香り。
これ以上ないベストな組み合わせです。

材料（2人分）
ラム肉（焼き肉用）　150g
パクチー　70g
にんにく（つぶす）　1かけ
花椒《ホアジャオ》　大さじ1
塩　小さじ½
ごま油　小さじ2

1　ラム肉は塩少々（分量外）をふる。
2　フライパンに花椒を入れて弱火にかけ、軽く炒る。すり鉢に入れてつぶし、塩と合わせる。
3　同じフライパンににんにく、ごま油を入れて中火にかけ、香りが立ったら**1**を入れ、表面にしっかりと焼き目がつくまで焼く。
4　**3**を1cm幅に切って**2**とともにボウルに入れ、ざく切りにしたパクチーを加えて和える。

パクチーは最後に加え、
つぶれないようにスプーンなどで
ざっくり和えるのがポイント。

7 白身魚とねぎのコチュジャン和え

スライスされた刺身パックの魚も、
こんな風にアレンジすれば韓国料理に。
切って和えるだけ、の簡単おつまみ。

材料（2人分）
白身魚（刺身用・切ったもの）　150g
細ねぎ　2本
松の実（すりつぶす）　大さじ1
A ｜しょうが（すりおろす）　½かけ
｜コチュジャン　小さじ1½
｜黒酢　小さじ1
｜しょうゆ　小さじ1
｜ごま油　小さじ1

1　白身魚は表面の水気を拭く。
2　細ねぎは斜め5mm幅に切る。
3　ボウルに**A**と松の実の半量を入れてよく混ぜ、**1**、**2**を加えて和える。器に盛り、残りの松の実をふる。

8 ほたてとせりの白みそ和え

やさしい味わいのほたてと
やわらかな風味の白みそはよく合います。
春なら、菜の花と合わせてもおいしいです。

ボウルに和え衣の材料を
混ぜ合わせてから、食材に
絡めるようにふんわり和えます。

材料（2人分）
ほたて（刺身用）　4個
せり　50g
酒　少々
A
- 白みそ　大さじ2
- 砂糖　小さじ1
- 酢　小さじ1
- 薄口しょうゆ　小さじ1

白いりごま　少々

1　沸騰した湯に酒を入れ、ほたてを入れて20秒ゆでる。氷水に取り、水気を拭く。
2　せりは2cm長さに切る。
3　ボウルに**A**を混ぜ合わせ、2cm角に切った**1**を加えて和え、**2**を加えてさっと混ぜる。器に盛り、白ごまをふる。

9 里いものゴルゴンゾーラ和え

ねっとりした里いもに
ゴルゴンゾーラが絡んで極上のつまみに。
塩気が抑えられる分、香りが立ちます。

材料（2人分）
里いも　3個(200g)
ゴルゴンゾーラ(またはカマンベールなど
　白カビ系チーズ)　80g
レモン果汁　大さじ1
塩　少々
オリーブ油　大さじ1
粗びき黒こしょう　少々

1　里いもは洗い、蒸気が上がった蒸し器で12分蒸して熱いうちに皮をむく。
2　1をボウルに入れて粗くつぶし、温かいうちに手でちぎったゴルゴンゾーラ、レモン果汁、塩、オリーブ油を加えて和える。
3　器に盛り、黒こしょうをふる。

10 ごぼうとしょうがのナムル

しょうがとすだちの清涼感で、口の中を
さっぱり涼やかに。箸休めにもぴったりで
多めに作っておいてもよいでしょう。

材料（2人分）
ごぼう　½本(100g)
しょうが　1かけ
酢　大さじ1
塩　小さじ⅓
ごま油　小さじ2
すだち　1個
白いりごま　少々

1　ごぼうは皮をこそげ、細切りにして水にさらす。しょうがはせん切りにし、水にさらす。
2　沸騰した湯に酢を入れ、ごぼうを入れて2分半ゆでる。ざるに取り水気を拭く。
3　2をボウルに入れ、温かいうちにしょうが、塩、ごま油を加え、すだちを搾り入れて和える。器に盛り、スライスしたすだち(分量外)をのせ、手でひねりつぶした白ごまをふる。

豆皿に好きなだけ
おかずを盛って
お酒とともにお盆に並べれば、
ふーっと一息つける時間。

塩もみ野菜を作る

塩もみ野菜があれば、おつまみ作りにも役に立ちます。口直しにそのまま食べたり、好みの調味料をかけたり、ご自身の好きな食べ方を探してみてください。

キャベツの塩もみを使って

アレンジ1

キャベツとパセリのアーモンド和え

アレンジ2

キャベツとツナの柚子こしょう和え

セロリの塩もみを使って

アレンジ1

セロリと半熟卵のヨーグルトソース

とろりとした黄身とヨーグルトソースをセロリに絡めていただきます。

アレンジ2

セロリと切り干し大根のじゃこ酢和え

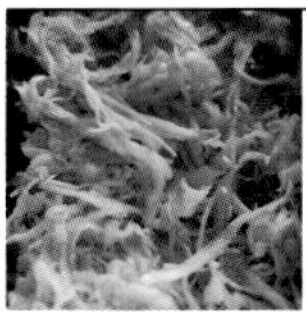

キャベツの塩もみ

日持ちは冷蔵庫で3日ほど。

材料(作りやすい分量)**と作り方**

1　キャベツ1/3個(300g)はせん切りにしてボウルに入れる。

2　塩小さじ1/2を加えて混ぜ、しんなりするまで10分おく。水気を軽く絞る。

11 キャベツとパセリの アーモンド和え

アーモンドのコクとパセリの香りで、
キャベツがたくさん食べられます。

材料(2人分)
キャベツの塩もみ　100g
パセリ(みじん切り)　大さじ2
アーモンド　20g
レモン果汁、オリーブ油　各大さじ1
塩　少々

1　キャベツは水気をしっかりと絞る。

2　ボウルに**1**、パセリ、粗く刻んだアーモンド、レモン果汁、オリーブ油、塩を入れてさっと和える。

12 キャベツとツナの 柚子こしょう和え

定番のツナとの組み合わせですが、
アクセントとなる調味料で新鮮な味わいに。

材料(2人分)
キャベツの塩もみ　100g
ツナ缶　1缶(70g)
柚子こしょう　小さじ1
黒酢、ごま油　各小さじ2
黒いりごま　少々

1　キャベツは水気をしっかりと絞る。ツナは油を切る。

2　ボウルに柚子こしょう、黒酢、ごま油を入れて混ぜ、**1**を加えて和える。器に盛り、黒ごまをふる。

セロリの塩もみ

日持ちは冷蔵庫で3日ほど。

材料(作りやすい分量)**と作り方**

1　セロリ2本(250g)は筋を取り、斜め薄切りにする。葉10枚は細切りにする。

2　**1**をボウルに入れて塩小さじ2/3を加えて混ぜ、しんなりするまで10分ほどおく。水気を軽く絞る。

13 セロリと半熟卵の ヨーグルトソース

半熟卵を作っておけば、あっという間にできる料理。
見た目も楽しく、盛り上がります。

材料(2人分)
セロリの塩もみ　80g
半熟ゆで卵　2個(卵を沸騰した湯で7分ゆでる)
A｜プレーンヨーグルト(無糖)　大さじ1
　｜レモン果汁　小さじ1
　｜にんにく(すりおろす)　少々
　｜塩　小さじ1/3
コリアンダーパウダー　少々

1　セロリは水気をしっかりと絞り、器に盛る。

2　殻をむいた半熟卵をのせ、混ぜ合わせた**A**をかけ、コリアンダーパウダーをふる。

14 セロリと切り干し大根の じゃこ酢和え

和風サラダのような、常備菜のような、安心感のある料理。
作り置きしておいてもよいでしょう。

材料(2人分)
セロリの塩もみ　100g
切り干し大根、ちりめんじゃこ　各20g
しょうが(せん切り)　1かけ
A｜黒酢　大さじ1 1/2
　｜塩　小さじ1/4
　｜しょうゆ　小さじ1

1　切り干し大根は流水でもみ洗いし、かぶるくらいの水に7分浸し、水気を絞る。

2　セロリは水気を絞ってボウルに入れ、**1**、ちりめんじゃこ、しょうがと合わせる。

3　**A**を加えて和える。

COLUMN 1 ｜うちのクイックつまみ

即席の野菜料理から、フィンガーフードまで、
気軽に作れるレシピを教えてもらいました。
分量はアバウトでOK。好みの加減で作ってみてください。

飛田さん

みそバターバゲット

バゲットにみそとバターをのせただけ。
発酵バターだと風味がよくおいしいです。
バゲットは焼いても、焼かなくても。

材料と作り方

バゲットはスライスし、みそと発酵バターを適量のせる。

フレッシュカリフラワーのミモレットオイル

カリフラワーはスライサーを使うと
ごく薄く、生でも軽やかな食感になります。
白とオレンジが美しい一皿です。

材料と作り方

1　カリフラワーは大きなかたまりのままスライサーで薄くスライスし、器に盛る。塩を軽くふり、レモン果汁少々をかける。

2　ミモレットチーズを器の上で削り、オリーブ油を回しかけ、粗びき黒こしょうをふる。

ワタナベさん

冷水さん

オクラののり巻き

のり、オクラ、コチュジャン。
口の中で３つの食感が混ざり合い、
それぞれのおいしさを引き立てます。

材料と作り方

1　オクラはゆでて細かくなるまで包丁でたたく。

2　のりに**1**をのせ、コチュジャンとごま油を混ぜ合わせたものを少しのせ、巻いて食べる。

大野さん

ねぎとあおさの冷ややっこ

電子レンジですぐできるねぎオイル。
削り節をのせてそのままつまみにしても、
鶏ハムやかまぼこにのせてもおいしい。

材料と作り方

1　九条ねぎ（長ねぎ、細ねぎでもよい）は斜め薄切りにする。

2　耐熱ボウルに**1**、あおさのり、しょうゆ、太白ごま油を入れて電子レンジで2分ほど加熱する。

3　器に絹ごし豆腐を盛り、**2**のねぎオイルを適量かけ、削り節をのせる。

＊ねぎオイルの作りやすい分量の目安…九条ねぎ40gに対して、あおさのり3g、しょうゆ小さじ2、太白ごま油40g。

きゅうりとセロリのにんにくオイル和え

にんにく風味の即席ドレッシングを
フレッシュな野菜にまとわせます。
油はごま油にするとまた違う味わいに。

材料と作り方

1　きゅうりとセロリは5cm長さの薄切りにする。

2　にんにくのすりおろし少々、塩、粗びき黒こしょう、オリーブ油適量を混ぜ合わせる。

3　**2**に**1**を加えて和える。

上田さん

加藤さん

レバーペーストのバゲットトースト

レバーペーストをたっぷりのせて、
軽くトーストするととろけるような味わいに。

材料と作り方

1　バゲットは1cm厚さに切り、粒マスタードを塗り、豚レバーペースト（市販品）を適量のせる。

2　オーブントースターで3～4分焼く。レッドペッパーをのせ、粗びき黒こしょうをふる。

上田淳子さんの 10分でできる アツアツつまみ

夕食のメインディッシュほどではなく、
少量で簡単に作れる料理で、すぐに飲みたい！
そんな希望を叶えてくれるのが、
本格的な洋食からなじみのある家庭料理まで
アイディア満載の上田淳子さんです。

少ない量を短時間で作るから、
フライパンや鍋は小さいサイズでＯＫ。

コンロを使わず、オーブントースターに
入れて焼くだけの料理など、
今すぐに作りたくなる料理が勢ぞろいです。

うえだ・じゅんこ

料理家。辻学園調理技術専門学校で西洋料理・製菓・製パンを学び、同校の西洋料理研究職員を経て渡欧。スイスやフランスのレストランなどで約３年間料理修業を積み、帰国後に独立。フレンチから家庭料理まで得意分野は幅広い。

1

ちぎって焼くだけ

スパイシーサルシッチャ

→レシピ p.40

2

スナック感覚のおいしさ

ささみの羽根チーズ焼き

→レシピ p.40

3 えびと卵の中華炒め

ふんわりまとめるのがポイント

→レシピ p.41

4 わかめとねぎのごま油炒め

炒めてもおいしいんです

→レシピ p.41

1 スパイシーサルシッチャ

ひき肉は成形せず、ちぎって焼くから、
縁のランダムな焼き目がおいしい。
全体に広がるカレー風味の中で、
たまにプチッとクミンシードの香りがはじけます。

材料（2人分）
豚ひき肉　150g
黄パプリカ　⅓個
塩　小さじ¼
こしょう　少々
クミンシード　小さじ¼
カレー粉　小さじ½
サラダ油　小さじ1

1　ポリ袋に豚ひき肉、塩、こしょう、クミンシード、カレー粉を入れて粘りが出るまでしっかり練り混ぜる。パプリカは一口サイズに切る。
2　フライパンにサラダ油をひき、**1**を手でちぎって並べ、中火にかける。熱くなったらパプリカを空いているところに入れ、途中で一度返し、火が通って軽く焼き色がつくまで4～5分焼く。

肉がこんがりと焼けたら
裏返します。香ばしい焼き目が
おいしさの目安。

2 ささみの羽根チーズ焼き

こんがりカリカリッと焼けたチーズの中からささみが顔を出す。
一口サイズのスナック風おつまみ。

材料（2人分）
鶏ささみ　1本
ピザ用チーズ　40g
塩、こしょう　各少々
サラダ油　小さじ1

1　ささみは筋を取り、斜め6等分に切る。塩、こしょうをふる(チーズの塩気があるので軽めに)。
2　フライパンにサラダ油をひいて中火にかける。チーズを6等分にして置き、その上にささみをのせてふたをする。チーズが溶け、ささみにあらかた火が通るまで1～2分そのまま加熱する。
3　ふたを取り、チーズがカリッと羽根状になってこんがり色づいたら、フライ返しで裏返す。肉の面はさっと焼く。

チーズの縁がカリカリッと
焼けてきたら、
ひっくり返すタイミング。
裏面は火を通しすぎないように。

一口サイズがちょうどいい。
つまみとワインを
交互に味わい、
小さな幸せをかみしめる。

3 えびと卵の中華炒め

卵を入れてからゆっくりとかき混ぜ、
半熟に固まってきたらすぐに火から下ろします。
これが、ふんわり仕上げるポイント。

材料（2人分）
むきえび　中8尾（100g）
卵　2個
にんにく、しょうが（すりおろす）　各少々
塩、こしょう　各少々
ごま油　大さじ½

1　卵は溶きほぐし、塩、こしょうで味を調える。えびはさっと水洗いし、水気を拭く。
2　フライパンにごま油とにんにく、しょうがを入れて中火にかける。香りが立ったらえびを入れて火が通るまで炒める。仕上げに卵を加えてゆっくりと全体を混ぜ、半熟の状態で器に盛る。

4 わかめとねぎのごま油炒め

わかめをごま油としょうゆで
炒めただけの料理ですが、
意外なおいしさで、やみつきになります。

材料（2人分）
わかめ（塩蔵）　80g
長ねぎ　5cm
しょうが（すりおろす）　小さじ1弱
ごま油　大さじ½
しょうゆ　少々

1　わかめは水で塩を洗い、さらに水につけて戻す。水気を絞り食べやすく切る。長ねぎは小口切りにする。
2　フライパンにごま油を中火で熱し、わかめとしょうがを入れてさっと炒める。仕上げに長ねぎを加え、しょうゆで味を調える。

5 牡蠣のクリーム煮

白ワインでふっくら蒸したら、
生クリームを入れるだけ。
牡蠣のエキスと相まって濃厚なおいしさです。

材料（2人分）
牡蠣（加熱用・むき身）　8個
長ねぎ　50g
白ワイン　大さじ2
生クリーム（乳脂肪分40%台のもの）　50mℓ
塩、こしょう　各適量

1　牡蠣をボウルに入れて片栗粉小さじ1程度（材料外）と少量の水を加え、片栗粉を牡蠣に絡めるように混ぜる。片栗粉の色がグレーに濁ったら水ですすぎ洗いをし、水気を切っておく。長ねぎは斜め薄切りにする。
2　鍋に**1**と白ワインを入れ、ふたをして中火にかける。1分ほど加熱し、牡蠣がぷっくりとしたらふたを取る。汁気が多いようならほぼなくなるまで煮詰め、生クリームを加えてさらにトロッとするまで煮る。塩、こしょうで味を調える。

ソースがとろりとするまで
煮詰めますが、火を入れすぎると
牡蠣がかたくなるので、
先に牡蠣を器に取り出しても。

6 えびパン揚げ

タイ料理でおなじみのえびのすり身揚げ。
薄い食パンで小さく作ると
短時間でサクサクッと揚がります。

材料（2人分）
むきえび　80g
パクチー（刻む）　大さじ1
食パン（サンドイッチ用）　1枚
サラダ油　適量

1　えびはさっと水洗いをして水気をペーパータオルで拭く。まな板に置き、包丁で細かくたたいてねっとりしたペースト状にする。ボウルにパクチーとともに入れ、よく混ぜる。
2　パンを4等分に切り、**1**を塗る。
3　フライパンに多めのサラダ油を入れて中火にかける。熱くなったらえびの面を下にして並べ、こんがりしたら返し、反対の面もこんがり焼く。

揚げるというより、多めの油で
焼くイメージ。小さいフライパンを
使うと少ない油で作れます。

7 豆腐の麻辣煮

まるで、肉なしマーボー豆腐。
あっさり、ヘルシーに食べたいときは、
むしろこちらのほうがおすすめです。

材料（2人分）
木綿豆腐　150g
長ねぎ（みじん切り）　大さじ2
にんにく（みじん切り）　小さじ1
しょうが（みじん切り）　小さじ1
ごま油　小さじ2
みそ　大さじ½
みりん　大さじ1
しょうゆ　小さじ1
ラー油　小さじ½
花椒（または粉山椒）　好みの量

1　豆腐はペーパータオルなどで包み、中皿を1枚のせて5分ほどおき、水切りをする。
2　小鍋にごま油、長ねぎ、にんにく、しょうがを入れて中火にかける。香りが立ったら水大さじ1、みそ、みりん、しょうゆを加えて全体を混ぜる。
3　1の豆腐を小さめの角切りにして加え、軽く煮詰める。仕上げにラー油と花椒を加える。

Postcard

おそれいりますが
切手をお貼りください

104-8357

東京都中央区京橋3-5-7
(株)主婦と生活社 料理編集

「うちの豆皿つまみ 絶品レシピ」係行

ご住所
〒 －

お電話
（ ）

フリガナ（ ） 性別
男 ・ 女

お名前 年齢
歳

ご職業
1 主婦 2 会社員 3 自営業 4 学生 5 その他（ ）

未婚 家族構成（年齢）
既婚（ 年）

「うちの豆皿つまみ 絶品レシピ」はいかがでしたか？

今後の企画の参考にさせていただくため、アンケートにご協力ください。
＊お答えいただいた方、先着1000名の中から抽選で20名様に、
小社刊行物（料理本）をプレゼントいたします
（刊行物の指定はできませんので、ご了承ください）。
当選者の発表は、商品の発送をもってかえさせていただきます。

Q1 この本を購入された理由は何ですか？

Q2 この本の中で「作りたい」と思った料理を3つお書きください。

（　　）ページの（　　　　　　　　　　）
（　　）ページの（　　　　　　　　　　）
（　　）ページの（　　　　　　　　　　）

Q3 この本の表紙・内容・ページ数・価格のバランスはいかがですか？

Q4 あなたが好きな料理研究家と、その理由を教えてください。

Q5 この本についてのご意見、ご感想をお聞かせください。

ご協力ありがとうございました

8
マッシュルームのフリット

一口サイズのフリットは、
小鍋で揚げるとちょうどいい。
簡単なのでぜひ作ってみてください。

材料（2人分）
マッシュルーム　100g
薄力粉　大さじ3
炭酸水（またはビール）　大さじ2½～3
塩、こしょう　各少々
揚げ油　適量

1　マッシュルームは半分に切る。ボウルに薄力粉と炭酸水、塩、こしょうを入れて混ぜる。
2　小鍋に揚げ油を入れて170度に温める。マッシュルームに**1**の衣をつけて入れ、からりとするまで揚げる。

揚げものは、
多めの油にさえ入れれば
あっという間にできる料理。
ビールのお供に。気負わずに。

ベビーほたてのガーリックバター焼き

9 香りバターをのせて焼くだけ。
ほたての代わりに、えびでもおいしいです。
ワインのお供にどうぞ。

材料（2人分）
ベビーほたて　8～10個
にんにく（みじん切り）　小さじ½
パセリ（みじん切り）　大さじ1
くるみ（みじん切り）　大さじ1
バター　20g

1　バターは室温に出してやわらかくし、にんにく、パセリ、くるみを混ぜる。
2　耐熱容器（ココットなど）にほたてを入れ、**1**のバターをのせる。
3　オーブントースターに入れ、バターが溶けて軽く色づくまで焼く。

卵のココット焼き

10 スプーンですくうと、とろ～っとした
卵のソース。生クリームが
少し余ったときに即席で作れます。

材料（2人分）
卵　2個
塩、こしょう　各少々
生クリーム　大さじ2
粉チーズ　小さじ1

1　耐熱容器（ココットなど）に卵を1つずつ割り入れ、塩、こしょうをふる。生クリームを加え、粉チーズをふる。
2　オーブントースターで5分ほど、表面に焦げ目がついて卵が半熟になるまで焼く。

小さいクロックムッシュ

11 ピザ用チーズではなく、かたまりのチーズをすりおろすと、それだけで本格的な味わいに。小さく作るとちょうどいいおつまみに。

材料（2人分）
食パン（サンドイッチ用）　2枚
ハム　2枚
グリュイエールチーズ
（コンテやエダムチーズでも）　40g
バター　少々
粗びき黒こしょう　少々

1　グリュイエールチーズはチーズおろしで削るか、細かく刻んでおく。
2　食パンを半分に切り、バターを薄く塗る。食パン2切れでハムを挟んだものを2つ用意する。
3　オーブントースターの天板にアルミホイルを敷き、**2**をのせる。チーズをのせてこんがり焼き色がつくまで5分ほど焼く。半分に切って器に盛り、黒こしょうをふる。

トマトの豚バラ巻き焼き

12 オーブントースターで焼くから手間いらずで簡単。ピックを刺して、ピンチョスに。

材料（2人分）
ミニトマト　6個
豚バラ薄切り肉　3枚
塩、こしょう　各少々

1　豚肉は長さを半分に切り、塩、こしょうをふる。ヘタを取ったミニトマトに巻きつける。
2　オーブントースターの天板にアルミホイルを敷き、**1**の巻き終わりを下にして並べる。8～10分を目安に、豚肉に火が通るまで焼く。

きのことベーコンのスープ

13

うまみが出る素材を組み合わせるから
短時間でこれだけのおいしさに。
残ったら翌日以降も楽しめます。

材料（作りやすい分量）
きのこ（しめじ、しいたけなど）　150g
ベーコン（薄切り）　50g
玉ねぎ　50g
オリーブ油　大さじ½
洋風スープの素（顆粒）　小さじ1
塩、こしょう　各適量

1　しめじは小房に分け、しいたけは4等分に切る。玉ねぎは薄切りにする。ベーコンは5mm幅に切る。
2　鍋にベーコンとオリーブ油を入れて中火にかける。熱くなったらきのこと玉ねぎを入れてさっと炒める。水2カップとスープの素を加え、煮立ったら弱火にして3分ほど煮る。塩、こしょうで味を調える。

洋風チーズ茶碗蒸し

14

フランスではロワイヤルと呼ばれる
コンソメベースの洋風茶碗蒸し。
チーズを入れて、おつまみサイズに。

材料（2人分）
卵　1個
洋風スープの素（顆粒）　小さじ½
プロセスチーズ（好みのチーズでも）　12g×2個
粗びき黒こしょう　少々

1　スープの素と水120mℓを鍋に入れて火にかける。スープの素が溶けたら火を止めて冷ましておく。
2　ボウルに卵を割り入れ、しっかりほぐしてから**1**を加えてよく混ぜる。
3　耐熱容器にチーズを1つずつ入れ、**2**を漉して加える。容器にアルミホイルをかぶせ、鍋にペーパータオルを敷き、容器をのせる。容器の高さの半分程度まで水を入れ、ふたをして中火にかける。沸騰したら弱火にし、ふたをずらしてほんの少し隙間を空ける。5〜8分を目安に火が通るまで蒸し、黒こしょうをふる。

上田さんに教わる
料理とお酒の合わせ方
［ワイン編］

毎年のようにフランスを訪れている上田さんは、クラシカルなワインがお好きだそう。気軽な家飲みにおすすめのワインと、料理との相性を教えてもらいました。

お店ではそれぞれの料理に合わせてペアリングもできますが、家庭ではそうはいかないものです。何品かの料理にワイン１本という場合、どのワインを選べばいいか迷いますよね。気を付けたいことのひとつは、個性が強いものはワイン単体で飲むほうがよいということ。ワインは果実味、香り、甘みが強いもの、あるいは穏やかなものがある中で、白ならスッキリした白、赤なら軽めの赤がおすすめです。価格は1,000～3,000円台で十分で、余ったら栓をして、２～３日はおいしく飲めます。

やや上級者編ですが、グラスによって味が変わるのを楽しんでみてもよいでしょう。細くてスッとしたグラスよりも、ぽってりしたグラスのほうが香りがふくよかに感じられます。

●スパークリングワイン

野菜も魚も肉も、甘いものにも合う万能選手。最初はしっかり冷やしたものを細い形のフルートグラスで、後半は少し空気に触れさせてボリューム感が出たものを口の広いグラスで飲むと、１本で味わいの変化を楽しめる。

●白ワイン

洋食以外の幅広い料理に合わせるなら柑橘系の香りがある辛口がよく、ぶどうの品種でいうとシャルドネやソーヴィニヨン・ブラン。冷やしすぎるとシャープな味になりがちだが、少し常温におくとふくよかになるので、味の変化を感じてみても。

●赤ワイン

濃厚な赤ワインは赤身の肉料理などにはよく合うが、意外と合う料理が限られてしまう。料理を選ばないのは、ピノ・ノワールなどの軽めの赤。温度低めでもおいしいので、冷たい前菜に少しだけ冷やしたものを合わせても。

●ロゼワイン、オレンジワイン

どちらも白と赤の中間くらいの味わいで、どんな料理にも合わせやすい。魚卵やしめさばなど、においが強く油分が多いものは、白や赤では生臭く感じてしまうことがあるが、ロゼやオレンジならOKのものも。こちらも万能選手。

飛田和緒さんの
つまみになる
常備菜

その季節においしい食材を使って、
最もシンプルに調理した料理こそ、
毎日食べ続けても飽きないおかずです。

ごく少ない調味料で作る
しみじみおいしい常備菜を
長年作り続けてきた飛田和緒さんには、
お酒に合う常備菜を紹介してもらいました。

保存容器に詰まったおかずがいくつかあれば、
ちょっとずつ豆皿に盛り合わせて
すぐに晩酌が始められます。

ひだ・かずを

東京都生まれ。会社員、主婦を経て、30代半ばから料理家として本格的に活動を始める。夫と娘の３人家族。神奈川県の海辺の町に暮らし、季節の素材を使ったシンプルな家庭料理を提案する。中でも常備菜は得意料理で人気が高い。

1

ひと味違う本格味玉

台湾風漬け卵

→レシピ p.54

2

ソースの酸味で軽やか

鶏レバーのウスターソース煮

→レシピ p.54

3

しっとり、ふんわり

めかじきのオイル煮

→レシピ p.55

4

シンプルに塩、こしょうで

ゆで豚

→レシピ p.55

1 台湾風漬け卵

和風の煮卵に比べると色が真っ黒ですが、
見た目の色ほど味は濃くなくて、
こっくりした味わいでうまみがあります。

材料（作りやすい分量）

卵　6個

A
- 烏龍茶（濃いめにいれたもの）　150mℓ
- しょうゆ　80mℓ
- 砂糖　30g
- オイスターソース、紹興酒　各大さじ1
- 八角　1かけ
- 五香粉　少々

1　卵は熱湯から5～6分ゆで、冷水に取って殻をむく。5分だとゆるめの半熟に仕上がる。

2　**A**を小鍋に入れてひと煮立ちさせて冷ます。

3　**2**の漬け汁を保存容器に入れ、ゆで卵の水気をひとつずつ丁寧に拭いて漬ける。2～3時間で味がつく。黄身をねっとりとさせたければ一晩冷蔵庫におく。

＊食べるときにパクチーなどを添える。
＊日持ちは冷蔵庫で2～3日。

まんべんなく色がつくように、
たまにひっくり返すと
よいでしょう。

2 鶏レバーのウスターソース煮

レバーをウスターソースで煮ると
ほんのり酸味がきいて洋風になり、
苦手な人でも驚くほど食べやすくなります。

材料（作りやすい分量）

鶏レバー　250g

しょうが　大1かけ（15g）

A
- ウスターソース、酒　各¼カップ
- しょうゆ　小さじ½
- 砂糖　小さじ1

1　レバーは一口大に切り、氷水に入れてときどき混ぜながら汚れや血のかたまりを取り除く。厚手のペーパータオルにのせて手早くしっかりと水気を取る。しょうがは薄切りにする。

2　小鍋に**A**を合わせ、**1**を加える。

3　中火にかけてふつふつとしてきたら、紙ぶたをし、さらに鍋のふたをして弱めの中火で15～20分煮る。

4　火を止めてそのまま冷まし、保存容器に移す。

＊日持ちは冷蔵庫で4～5日。

つぶしてレバーペーストにしても。
バゲットにサワークリームと
一緒にのせて食べると
ワインのおつまみに。

3 めかじきのオイル煮

余熱で火を通すから、しっとりしてやわらか。
市販のツナとは別ものの上品な味です。

材料（作りやすい分量）
めかじき（切り身）　4切れ（480g）
塩　4.8g（めかじきの重量の1%）
にんにく　1かけ
ローリエ　1枚
オリーブ油　適量

1　めかじきはペーパータオルで水気を拭いて食べやすい大きさに切る。塩をまぶして15分ほどおいてから、もう一度表面を拭く。
2　にんにくは薄切りにする。
3　フライパンまたは底の広い鍋に、1をできるだけ重ならないように並べ、にんにくを散らし、ローリエをのせ、ひたひたよりやや少なめにオリーブ油を注ぐ（フライパンや鍋の大きさにもよるが、1½カップくらい）。
4　中火にかけ、ふつふつとしてきたらめかじきを返し、ふたをして火を止める。余熱で火を通し、オイルが冷めたら保存容器に入れる。

＊食べるときにディルなどを添える。
＊日持ちは冷蔵庫で4～5日。

4 ゆで豚

塩だけで作るから、和洋中、どんな料理にも
アレンジがききます。粗塩とこしょうだけでも
十分おいしいですし、薬味野菜をたっぷり添えても。

材料（作りやすい分量）
豚かたまり肉
（肩ロース、バラなど好みの部位）　300g
塩　3g（豚肉の重量の1%）
酒　¼カップ

1　豚肉はペーパータオルで水分をしっかりと拭き取ってから、塩を全体になじませて1時間ほどおく。
2　鍋に豚肉を入れ、酒とかぶるくらいの水を入れて火にかける。
3　沸騰してきたら弱火にし、ふたをして30分ゆでる。火を止めて粗熱が取れるまでそのままおき、冷めたらゆで汁ごと保存容器に入れる。

＊食べるときに好みの厚さに切って、軽く粗塩や粗びき黒こしょうをふる。練り辛子やマスタードを添えてもよい。p.56の大根のしょうゆ漬けで巻いても。
＊日持ちは冷蔵庫で4～5日。

大根のしょうゆ漬け

5

ごく薄くスライスするから味が染みやすく、
すぐに食べられます。パリパリッとした
食感のよさを楽しんでください。

材料（作りやすい分量）
大根　300g
塩　9g（大根の重量の3%）
砂糖　大さじ1
しょうゆ　大さじ1½
花椒（あれば）　適宜

1　大根は皮をむいてスライサーで1.5mmほどの薄さにスライスする（輪切りになるように）。塩をまぶして軽く混ぜ、水気が出てしんなりするまで20～30分おく。
2　**1**をさっと水にくぐらせて、軽く水気を絞る。砂糖としょうゆ、花椒と合わせて保存容器に入れ、半日ほど漬ける。
＊日持ちは冷蔵庫で4～5日。

ゆで豚（p.55）があれば、
この大根で挟んで食べるのが
好きです。さっぱりして
いくらでも食べられます。

枝豆の香味野菜和え

6

枝豆自体には味が染みにくいので、
さやに味を含ませて、
さやを吸いながら食べるのがおいしい。

材料（作りやすい分量）
枝豆（さやごと）　500g
にんにく、しょうが　各1かけ
長ねぎ　15cm
にら　3本
青唐辛子　2本
塩　小さじ½
しょうゆ、ごま油　各大さじ2

1　枝豆はさやの両側をはさみで切り落とす。
2　**1**を塩大さじ1程度（分量外）でもんで15分おき、塩をつけたまま沸騰した湯で好みのかたさにゆでる。
3　ざるに上げて塩をふり、広げて冷ます。
4　にんにく、しょうがはみじん切り、長ねぎは粗いみじん切り、にらは小口切り、青唐辛子は薄い輪切りにする。
5　保存容器に**4**の香味野菜としょうゆ、ごま油を合わせてひと混ぜしたら、**3**を加えて和える。1時間ほどおいて味をなじませる。
＊日持ちは冷蔵庫で2～3日。

肉、野菜、豆。
バランスよく盛り付ければ
満足度の高い豆皿セットに。
色や味付けの
組み合わせも考えて。

7 極細ごぼうのきんぴら

なるべく細くせん切りにすることが
この料理のいちばんのポイント。
ごぼうの食感を楽しむための料理です。

材料（作りやすい分量）
ごぼう　200g
ごま油　大さじ1
酒　20mℓ
砂糖　大さじ1
しょうゆ　20mℓ

1　ごぼうは斜め薄切りにしてからせん切りにし、水に5分ほどさらす。なるべく細く切ると食感がよい。
2　鍋にごま油と水気を切ったごぼうを入れて中火にかけて炒める。全体にごま油がなじんだら、酒、砂糖を加えてさらに炒め、砂糖が溶けたらしょうゆを加えて、汁気がほぼなくなるまで炒める。味見をして少し薄いと感じても、時間をおくと味がのってくるので、少し時間をおいてからもう一度味見をして、それでも薄ければしょうゆを加えるとよい。

＊食べるときに白いりごまや七味唐辛子をふる。
＊日持ちは冷蔵庫で1週間ほど。

8 キャベツのおひたし

季節の野菜ひとつだけで
よくおひたしを作ります。
だしをしっかり含ませるとお酒に合います。

材料（作りやすい分量）
キャベツ　2〜3枚（300g）
A｜だし汁　2カップ
　｜塩　小さじ1½
　｜薄口しょうゆ　小さじ1

1　キャベツは葉の中央のかたい部分を切り、薄切りにする。やわらかい部分は手で食べやすい大きさにちぎる。
2　沸騰した湯で**1**を好みのかたさにゆで、冷水に取って水気を切る。
3　**A**を鍋に入れて一度温め、塩が溶けたら保存容器に入れて冷ましておく。
4　キャベツの水気を軽く絞り、**3**に加えて30分浸す。

＊食べるときに削り節をのせる。
＊日持ちは冷蔵庫で2〜3日。

甘みそのしそ巻き

9

東北地方の郷土料理であるしそ巻きをイメージしました。お酒にもごはんにもよく合うので、作っておくと喜ばれます。

材料（30本分）
くるみ　30g
青じそ　3束（30枚）
みそ　100g
砂糖　大さじ1～2
酒、みりん　各大さじ1
米油（またはサラダ油）　少々

1　くるみは香ばしくから炒りし、粗く刻む。
2　小鍋にみそ、砂糖、酒、みりんを合わせて弱めの中火にかけ、ねっとりと艶が出るまで練り混ぜ、くるみを合わせて冷ましておく。
3　青じそに**2**を等分にのせ、くるくると巻いて3～4本ずつ楊枝に刺す。
4　フライパンに米油を熱して**3**を並べ、弱めの中火でこんがりと焼く。
5　冷めてから楊枝ごと保存容器に入れる。焼きたてはやわらかいので、冷めてから容器に移すとよい。みその味によって砂糖の量を加減する。少し甘めに仕上げると保存もきく。
＊日持ちは冷蔵庫で1週間ほど。

油揚げの甘辛煮

10

和辛子を薄く塗ってミルフィーユ状に重ね、一口サイズのおつまみにするとおなじみの味が新鮮に思えます。

材料（作りやすい分量）
油揚げ（ふっくらして開きやすいもの）　4枚
だし汁　1カップ
しょうゆ、砂糖　各大さじ1

1　油揚げは一枚になるように開き、4等分に切る。いなりずしを作りたいなら、半分に切って袋状にするなど、好みの形でよい。
2　**1**を熱湯にくぐらせて油抜きをし、ざるに広げて水気を切る。
3　鍋にだし汁、しょうゆ、砂糖を合わせて火にかけ、ひと煮立ちしたら**2**を入れる。煮汁が沸騰してきたら落としぶたをして弱めの中火で20分ほど煮る。
4　煮汁がほぼなくなったら火を止めて、冷ましながら味を含ませる。冷めたら保存容器に移す。
＊食べるときに練り辛子を薄く塗って4～5枚重ね、一口大に切って楊枝に刺す。いなりずしやきつねうどんに使っても。
＊日持ちは冷蔵庫で3～4日。

11 なすときのこのタルタル

パンやクラッカーにのせて気軽な
ワインのおつまみに。きのこの風味がよく、
あっさりしてクセになります。

材料（作りやすい分量）
なす　3本
きのこ（マッシュルーム、しいたけ、しめじ）
　合わせて200g
にんにく　1かけ
アンチョビ（フィレ）　4～5枚
オリーブ油　大さじ2～3
塩　適量

1　きのこはみじん切りにする。またはフードプロセッサーにかけて細かくする。
2　なすは皮をむいて塩少々をすり込み、耐熱容器に入れてラップをかけ、電子レンジで3分加熱する。箸で挟んでやわらかくなっていたら、そのまま冷ます。
3　なすの粗熱が取れたら、1cm角に切ってから包丁でたたく。にんにくはみじん切りにする。
4　鍋ににんにくとオリーブ油を入れて弱火にかけ、にんにくの香りが立ったら、**1**のきのこを入れて中火で炒める。全体に油が絡んだらなすを入れ、塩ふたつまみをふってふたをし、弱めの中火で5分ほど蒸し煮にする。
5　全体にしっとりしたら、アンチョビをまず3枚入れて炒め合わせ、味見をしてアンチョビを追加し、塩で味を調える。

＊食べるときに、バゲットに塗ってちぎったパセリをのせる。サンドイッチにしたり、ゆで卵にのせたり、ショートパスタを和えても。
＊日持ちは冷蔵庫で4～5日。

材料（作りやすい分量）
きゅうり　2本
赤パプリカ（ヘタと種を取る）　½個
カリフラワー　200g
セロリ　½本
にんじん　½本
A｜酢　1カップ
｜水　2カップ
｜塩　大さじ1½
｜砂糖　60〜70g
｜ローリエ　1枚
｜にんにく（薄切り）　1かけ
｜黒こしょう（ホール）　適量

1　野菜は食べやすい大きさに切り、さっと熱湯にくぐらせて、ざるに広げて冷ます。
2　**A**を鍋に合わせて火にかけ、沸騰したら火を止めて冷ます。
3　保存容器に**1**を入れ、**2**を注ぎ入れ、2〜3時間おく。
＊日持ちは冷蔵庫で1週間ほど。

ワインのテーブルには欠かせない
カラフルな定番のおつまみ。
これにチーズとハムがあれば、
すぐに飲み始められます。

12 ミックスピクルス

実山椒の保存食を作る

5～6月に出回る、ピリッとした辛さと
さわやかな香りが魅力の実山椒。
見つけたら保存食を作り、1年間楽しみます。
余計なものは入れず、
塩かしょうゆか、オイルだけ。
冷凍ものは一年中ネットで手に入るので、
華やかな香りを楽しんでみてください。

実山椒の塩漬け・しょうゆ漬け

材料

● 塩漬け
実山椒100gに対して
粗塩 10g（10%）

●しょうゆ漬け
実山椒 100gに対して
しょうゆ 100～130mℓ

1 実山椒は小枝を取り除き、沸騰した湯で7～8分ゆでる。指でつまんでつぶれるくらいにやわらかくなったら、水に取って冷ましながらアクを抜く。水をときどき替えながら30分から1時間ほど。辛みや渋みが完全に取れてしまうと味わいがなくなってしまうので、ときどき食べてみて確認する。
2 ざるに広げて水気を切り、ペーパータオルなどで水気をしっかりと拭く。
3 煮沸消毒したガラスの保存瓶に入れて、塩やしょうゆと合わせる。塩漬けは、ときどき瓶をゆすって塩をなじませる。しょうゆ漬けはかぶるくらいのしょうゆを注ぐ。

実山椒のオイル漬け

材料

実山椒 10～15g に対して
米油 ⅓～½カップ

1 実山椒は小枝を取り除いて容器に入れ、米油やサラダ油などクセのない油を注ぎ入れる。1週間ほどおくと香りが出てくる。

［保存］
3品とも煮沸した容器で作れば、
1年間は冷蔵庫で保存可能。

［使い方］
●実山椒の塩漬け⇒実山椒の緑色を出したい料理に。
軽く塩を洗ってから使う。
●実山椒のしょうゆ漬け⇒しょうゆ味の煮もの、
ちりめん山椒などに。
●実山椒のオイル漬け⇒香りオイルとして使う。
焼きそばに使うとおいしい。炒め油でも、
後がけのオイルでも。

残った小枝は捨てずに焼酎に漬けておくと、山椒の香りの焼酎ができ上がる。ロックなどで楽しんで。

実山椒の保存食を使って

こんにゃくの実山椒煮

13 山椒じょうゆを絡めながら炒りつけるだけ。
から炒りすることで臭みが取れ、
ちぎることで味が染みやすくなります。

材料（作りやすい分量）
こんにゃく　2枚（400g）
実山椒のしょうゆ漬け　小さじ2
実山椒のしょうゆ漬けのしょうゆ　小さじ2

1　こんにゃくは手やスプーンで一口大にちぎる。
2　鍋に**1**を入れて火にかけ、から炒りする。表面が乾いてきて、水気がなくなってきたら、一度火を止める。実山椒のしょうゆ漬けと、漬けたしょうゆを入れて混ぜてから、弱めの中火にかける。しっかり味が絡むまで炒りつけ、火を止めて冷ましながら味を含ませる。
＊日持ちは冷蔵庫で4～5日。実山椒のしょうゆ漬けの代わりに実山椒の佃煮で作ってもよい。その場合はふだんお使いのしょうゆで調味する。

山椒にんじん

14 山椒の香りがさわやかな、和風サラダ。
にんじんは水気を絞らないほうが
しっとり食感よく仕上がります。

材料（作りやすい分量）
にんじん　2本（300g）
塩　3g（にんじんの重量の1%）
実山椒の塩漬け　小さじ1～2
ごま油　大さじ1

1　にんじんはせん切りにし、塩をふって軽く混ぜ、20分ほどおく。しんなりして水分が出たら、水気を軽く切る（絞らない）。
2　実山椒の塩漬けはさっと洗って塩気を軽く取って水気を拭き取り、**1**と合わせる。実山椒の塩が強い場合は、水に少しつけて塩出しをしてから使う。
3　ごま油を絡めて保存容器に入れる。
＊日持ちは冷蔵庫で4～5日。実山椒の塩漬けがなければ、粉山椒や実山椒の佃煮でもよい。

COLUMN 2 ｜ お酒に合わせる おつまみお菓子

おなじみの庶民のお菓子から、こだわり素材のものまで
お気に入りのお酒のお供を教えてもらいました。
しょっぱいものと甘いもの、どちらがお好き？

＼しょっぱいお菓子／

飛田さん

ピリ辛の豆菓子

スーパーのレジ脇などに置いてあるスパイシーなお菓子は、見つけるとつい買ってしまいます。「明太子そら豆」は紀ノ国屋で見つけたもの。小分けになっていて食べやすいです。

冷水さん

そば粉のスナック

市販のスナックはあまり食べないのですが、素朴な素材のものは好み。ビオセボンで見つけたそば粉のスナックは、キヌアやアマランサスが入ったイタリアの子ども向けのお菓子。

ワタナベさん

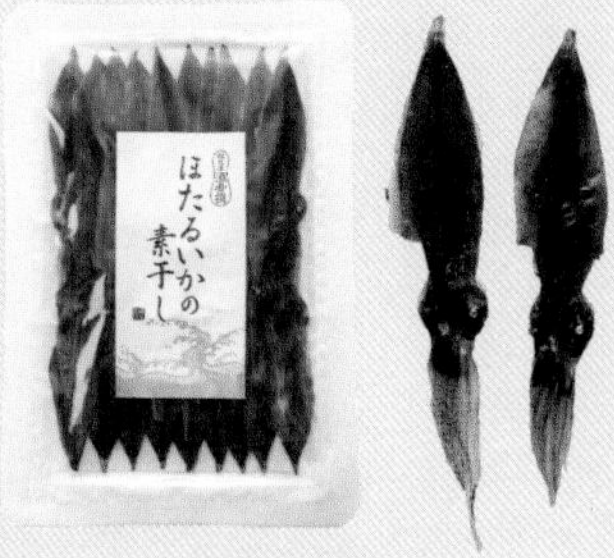

ほたるいかの干したもの

煮干しやたたみいわし、いかの干したものをつまみながら、お酒を飲むのが好き。これは、福光屋の「ほたるいかの素干し」。ワタごと丸干しにしていて濃厚な味わいです。

加藤さん

豆源の「塩おかき」

麻布十番に本店がある豆源の「塩おかき」は、シンプルな塩味の素朴な揚げおかき。百貨店やオンラインストアでも購入できますが、本店でしか食べられない揚げたては絶品です。

上田さん

スパイシーなナッツ

西荻窪にあるOKASHIYA Karhuで見つけた「マサラカシューナッツ」。ガラムマサラやライムリーフ、ガーリックが香るスパイシーなカシューナッツでお酒がすすみます。

大野さん

塩味ポテトチップス

シンプルな塩味のポテトチップスの中でも、「チップスター」はすき間なく袋にびっしりと詰まっている姿もいい。何枚かまとめ食べするとおいしさが倍増する気がします。

\ 甘いお菓子 /

大野さん

「トッポ」に山椒塩

甘いお菓子にお酒を合わせるのが好きで、チョコレートはよく登場します。甘いものに塩気を足すとおいしいので、「トッポ」に山椒塩をつけて食べてみたところ、これが好相性！

加藤さん

HIGASHIYAの「棗バター」

自然な甘さのナツメヤシで発酵バターとくるみを包み込んだ一口サイズのお菓子。見た目がきれいなので、人に差し上げても喜ばれます。豆皿にのせて、おいしいワインと共に。

上田さん

甘すぎないクッキー

お酒に合わせるなら、甘すぎないクッキーのほうが好み。メルシーベイクの「おつまみクッキー」はごま、コーン粒、全粒粉が入ったゴリッとかための食感で、おつまみに最高。

冷水さん

カカオニブ

カカオ豆を有機きび砂糖でコーティングしたもので、かための食感がよく、ほのかな甘みとほろ苦さでお酒に合います。こだわりの板チョコレートを作るサラガドゥーラのもの。

ワタナベさん

韓国のきなこ味スナック

最近韓国にハマっていて、韓国食材をよく買いにいきます。このきなこスナックは甘じょっぱくて、食べ始めたら止まらない味。日本にはない変わった形で食感もいいんです。

飛田さん

タントテンポのドライフルーツ

タントテンポは葉山にあるイタリア食材店。ここのドライフルーツは大きさや干し具合など、私好みのものがそろっているのでよく買います。本日はいちじくと枝付き干しぶどう。

加藤里名さんの 粉ものつまみ

友人との終わらないおしゃべりの時間に
食事後、もうちょっと飲みたいときに、
カリカリッ、サクサクッとした
焼き菓子があれば、
もう一杯、お酒が楽しめそうです。

塩味のクッキーやクラッカーから、
ケークサレやブリニ、タルトフランベまで。

お菓子研究家でお酒にも詳しい
加藤里名さんが、とっておきの
粉ものおつまみを教えてくれました。

かとう・りな

菓子研究家。合同会社 Sucreries 代表。パリの「ル・コルドン・ブルー」でフランス菓子を学び、パティスリー「ローラン・デュシェーヌ」に勤務。2015 年より東京・神楽坂で洋菓子教室を主宰。書籍や雑誌等での活動や焼き菓子の通信販売を行う。

1

カリカリが止まらない
ミックスハーブのクラッカー

→レシピ p.70

2

イタリアンなフレーバー
オリーブとトマトのクラッカー

→レシピ p.70

3

パンチのあるスパイスクッキー

カレーと
クミンシードのクッキー

→レシピ p.71

4

ナッツの食感も楽しい

エダムチーズと
アーモンドのクッキー

→レシピ p.71

1 ミックスハーブのクラッカー

ごく薄くのばした生地だから、カリッとした
食感を楽しめます。チーズとハーブを混ぜるだけ。
身近な材料ですぐに作れるのもうれしい。

材料（約50枚分）

A｜薄力粉　100g
　ベーキングパウダー　2g
　塩　1g
　粗びき黒こしょう　1g
　グラニュー糖　2g
　パルメザンチーズ（すりおろす）　10g

オリーブ油　10g
ミックスハーブ　3g

1　ボウルに**A**の薄力粉、ベーキングパウダーを合わせてふるい入れ、残りの材料を加える。

2　水50mℓ、オリーブ油を少しずつ加えてゴムべらで生地をまとめる。台に出し、なめらかになるまで2分ほどこねる。

3　ミックスハーブを加えてまんべんなく混ざるまで練り込む。ラップで包み、30分ほど冷蔵庫で休ませる。

4　24 × 25cmの大きさで、下が透けるくらいまで麺棒で2mm厚さにのばし（**a**）、2 × 5cmの長方形に包丁でカットする（**b**）。オーブンシートを敷いた天板に間隔を空けて並べ、1枚につき3か所ほどフォークで穴を開ける（**c**）。

5　170度に予熱したオーブンで20分、焼き色がつくまで焼き、網にのせて冷ます。

a

b

c

のばしたい生地の厚みに合わせた「ルーラー」（製菓用の道具）があると均一にのばせます。

定規を当てて包丁で目印を付けると正確にカットできます。押すように切るのがポイント。

フォークで穴を開けると生地のふくらみが防げ平らに焼き上がります。

2 オリーブとトマトのクラッカー

ワインによく合うイタリアの定番素材の
組み合わせ。お好みのサイズにカットして、
食感の違いを試してみても。

材料（約32枚分）

A｜「ミックスハーブのクラッカー」と同様

オリーブ油　10g
黒オリーブ（種なし・細かく刻む）　10g
セミドライトマト（細かく刻む）　10g

1　「ミックスハーブのクラッカー」の工程**1**〜**2**と同様に生地を作る。

2　黒オリーブとセミドライトマトを加えてまんべんなく混ざるまで練り込む。ラップで包み、30分ほど冷蔵庫で休ませる。

3　24 × 25cmの大きさで、下が透けるくらいまで麺棒で2mm厚さにのばし、4cm四方の正方形に包丁でカットする。オーブンシートを敷いた天板に間隔を空けて並べ、フォークで穴を開ける。黒こしょう少々、パルメザンチーズ適量（各分量外）を散らす。

4　170度に予熱したオーブンで25分、焼き色がつくまで焼き、網にのせて冷ます。

❸ カレーとクミンシードのクッキー

塩味のクッキーはやや薄めにカットすると
口当たりがよく、ちょうどよいおいしさ。
スパイシーな香りが口の中に広がります。

材料（約18枚分）
食塩不使用バター　50g
A｜パルメザンチーズ（すりおろす）　100g
　｜塩、粗びき黒こしょう　各ひとつまみ
　｜グラニュー糖　5g
牛乳　10g
B｜薄力粉　80g　カレー粉　6g
クミンシード　5g

下準備
・バターは常温に戻しておく。

1　ボウルにバターを入れ、ゴムべらで押さえるように混ぜてなめらかにする。
2　**1**に**A**を加えて混ぜる。
3　牛乳を加えて同様に混ぜる。
4　**B**を合わせて3回に分けてふるい入れ、その都度さっくりと混ぜる。
5　最後に粉っぽさがなくなるまでボウルの中で手で押すようにして生地をまとめる。
6　クミンシードを加えて再び手で押すように生地をまとめる。台に取り出し、3×5cmの長方形の棒状に整える。
7　ラップで包み、冷蔵庫でしっかり固まるまで3時間以上冷やす。
8　**7**の生地を包丁で8mmの厚さにカットし(**d**)、シルパン（またはオーブンシート）を敷いた天板にのせる(**e**)。
9　170度に予熱したオーブンで20分ほど、焼き色がうっすらつくまで焼き、網にのせて冷ます。

❹ エダムチーズとアーモンドのクッキー

甘いアーモンドクッキーもいいですが、
ナッツとチーズもよく合います。
ローストした香りよいアーモンドがアクセント。

材料（約18枚分）
食塩不使用バター　50g
A｜エダムチーズ（すりおろす）　100g
　｜塩、粗びき黒こしょう　各ひとつまみ
　｜グラニュー糖　5g
牛乳　10g
薄力粉　85g
アーモンド（ローストしたもの）　30g

下準備
・バターは常温に戻しておく。
・アーモンドは包丁で粗くカットする。ローストしていないアーモンドの場合は、150度のオーブンで10分ほど焼く。

1　「カレーとクミンシードのクッキー」の工程**1**～**3**と同様に生地を作る。
2　薄力粉を3回に分けてふるい入れ、その都度さっくりと混ぜる。
3　最後に粉っぽさがなくなるまでボウルの中で手で押すようにして生地をまとめる。
4　アーモンドを加えて再び手で押すように生地をまとめる。台に取り出し、3×5cmの長方形の棒状に整える。
5　「カレーとクミンシードのクッキー」の工程**7**～**9**と同様に作る。

カットする直前まで
冷やし固め、切りやすい
かたさを見極めて。

縁が多少崩れてしまっても、
天板の上で成形し
直せば大丈夫です。

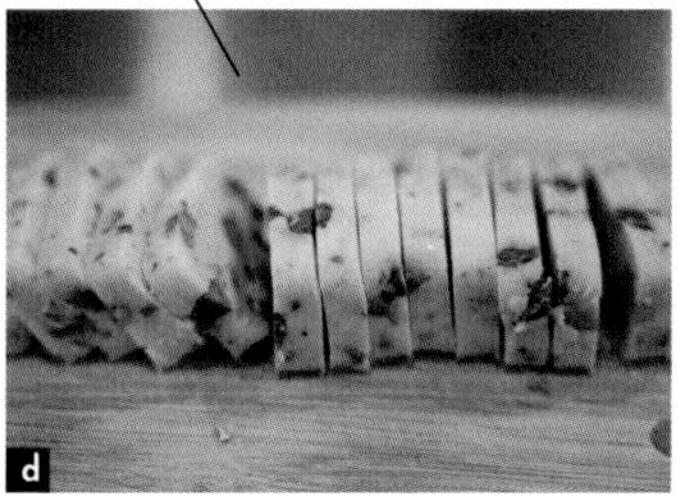

＊写真は「エダムチーズとアーモンドのクッキー」

パルメザンとベーコンのネジネジパイ

5

市販の冷凍パイをいちばんシンプルに
おいしく食べるのがこのレシピ。
ねじることで食べやすく見た目も華やか。

材料（約40本分）
冷凍パイ生地（15cm四方のもの）　1枚
⇒冷蔵庫に移し、解凍しておく。
A | パルメザンチーズ（すりおろす）　40g
　ベーコン（薄切り）　50g
　粗びき黒こしょう　適量

1　パイ生地を縦30×横20cmくらいに麺棒でのばす。ベーコンは1cm幅に切る。
2　上半分に水を塗って**A**を散らし、下半分の生地を半分に折って重ね、麺棒で均一な厚さになるようならす。
3　横半分に包丁でカットし、さらに縦に1cm幅にカットする。冷蔵庫で冷やして生地を締める。1本ずつねじり、オーブンシートを敷いた天板の上に間を空けて並べる。
4　パルメザンチーズと黒こしょう各適量（分量外）を散らし、200度に予熱したオーブンで15～20分、サクッとするまで焼き、網にのせて冷ます。

玉ねぎジャムのパイ

6

フランスでは定番の、酸味と甘みのある
玉ねぎジャムが主役。あえて生地のふくらみを
押さえて薄くしっとりと焼き上げます。

材料（1枚分）
冷凍パイ生地（15cm四方のもの）　1枚
⇒冷蔵庫に移し、解凍しておく。
玉ねぎジャム*　全量
黒オリーブ（種なし・スライスする）　8粒

1　パイ生地は麺棒で2mmの厚さにのばしてフォークで穴を開け、オーブンシートを敷いた天板にのせる。
2　190度に予熱したオーブンで15分焼く。一度オーブンから出し、生地のふくらみをバットなどで押さえる。
3　**2**の生地に玉ねぎジャムを広げ、オリーブを散らす。再度、190度のオーブンで10分ほど焼き、網にのせて冷ます。
4　一口大にカットして器に盛る。

＊玉ねぎジャムの材料（作りやすい分量）と作り方
玉ねぎ1個（約250g）は薄切りにする。厚めの鍋にバター15gを熱して溶かし、玉ねぎを入れて中火で炒める。くたくたになって薄い茶色になったら、白ワインビネガー30mℓ、グラニュー糖15g、塩ひとつまみ、粗びき黒こしょう少々を加え、茶色く色づき、水分が少し飛ぶまで炒めて冷ます。

7 ゼッポリーニ

イタリア・ナポリ名物の揚げおつまみ。
磯の香りが特徴で、ふんわりもっちりした
軽い食感がやみつきになります。

材料（約15個分）
オリーブ油　15mℓ
グラニュー糖　小さじ½
ドライイースト　1.5g
あおさのり（乾燥）　3g
強力粉　100g
塩　小さじ½
揚げ油　適量

1　ボウルに40度くらいの湯80mℓ、オリーブ油、グラニュー糖、ドライイーストを入れてゴムべらで混ぜ、ドライイーストを溶かす。あおさのりは少量の水で戻しておく。
2　**1**のボウルに強力粉、水気を絞ったあおさのりを加え、ゴムべらでよく混ぜる。
3　粉っぽさがなくなったら塩を加えてさらに混ぜ、ラップをかけて1～2時間ほど常温におき、生地が2倍になるまで発酵させる。寒いときは30度ほどのオーブンで発酵させるとよい。
4　鍋に5cm深さほどの揚げ油を入れて170度に熱し、**3**を小さめのスプーンですくって落とす。片面2～3分ずつ揚げ、うっすらと焼き色がついたら網に上げる。
5　塩（分量外）をふって器に盛る。

8 ブリニとディップ

フランスでは、ブリニと呼ばれる
ヨーグルト入りの小さいパンケーキに
ディップをのせて食べるのが人気。
しっとり軽やかなブリニとディップがあれば、
ワインパーティーがすぐに始まります。

パセリとトマトのサラダ

りんごとビーツのヨーグルト和え

なすと練りごまのディップ

タラマ

ブリニ

材料（約20枚分）
プレーンヨーグルト（無糖）　300g
薄力粉　100g
ベーキングパウダー　4g
塩　ふたつまみ
卵（Mサイズ）　1個
植物油　適量

1　ヨーグルトはペーパータオルなどにのせて水切りして150gにする。
2　ボウルに薄力粉、ベーキングパウダー、塩を合わせてふるい入れ、泡立て器で混ぜる。**1**の水切りヨーグルトと溶きほぐした卵を少しずつ加えて混ぜ、なめらかにする。
3　フライパンを熱して油少々をひいて弱火にかけ、生地をレードルで直径5〜6cmの大きさに落として焼く。表面がぷつぷつしてきたら裏返し、両面にうっすらと焼き色がついたら取り出す。同様にすべての生地を焼く。

ディップ

タラマ

材料（作りやすい分量）
じゃがいも　1個（100g）
A｜たらこ（薄皮をむく）　80g
　｜レモン果汁　小さじ2
　｜牛乳　大さじ2
　｜マヨネーズ　20g
オリーブ油　大さじ2
チャービル（好みで）　適量

1　じゃがいもは1cm厚さに切って水とともに鍋に入れて中火にかける。沸騰して6分ほどゆで、皮をむく。
2　フードプロセッサーに**1**と**A**を入れてペースト状にする。オリーブ油を少しずつ加えて乳化させる。
3　器に盛り、チャービルをのせる。

りんごとビーツのヨーグルト和え

材料（作りやすい分量）
りんご　¼個（60g）
ビーツ（水煮の缶詰）　60g
プレーンヨーグルト（無糖）　100g
塩、こしょう　各少々
ディル（好みで）　適量

1　ヨーグルトはペーパータオルなどにのせて水切りして50gにする。りんごとビーツは5mm角に切る。
2　ボウルにりんごとビーツを入れ、水切りヨーグルトを加えて混ぜ、塩、こしょうで味を調える。
3　器に盛り、刻んだディルをのせる。

なすと練りごまのディップ

材料（作りやすい分量）
なす　2本
A｜白練りごま　大さじ1
　｜にんにく（すりおろす）　½かけ
　｜レモン果汁　大さじ½
　｜オリーブ油　大さじ1
　｜塩　小さじ½
パプリカパウダー（好みで）　適量

1　なすはフォークでランダムに穴を開け、オーブントースターでトロトロになるまで焼く。ヘタを取って皮をむき、ざく切りにする（100g程度を用意）。
2　フードプロセッサーに**1**のなす、**A**を入れてペースト状にする。
3　器に盛り、パプリカパウダーをふる。

パセリとトマトのサラダ

材料（作りやすい分量）
パセリ（茎を除いてみじん切り）　50g
トマト　小¼個（30g）
玉ねぎ　⅛個（30g）
レモン果汁　大さじ2
オリーブ油　大さじ3
塩、こしょう　各小さじ½

1　トマト、玉ねぎは5mm角に切り、玉ねぎは水にさらす。
2　ボウルにパセリ、トマト、水気を絞った玉ねぎ、レモン果汁、オリーブ油、塩、こしょうを入れて混ぜる。

ツナ、キャベツ、トマトのケークサレ

焼きいもとベーコンのメープルケークサレ

9 ツナ、キャベツ、トマトのケークサレ

パスタの具にもなりそうな食材の組み合わせ。
一口サイズに切って器に盛れば、おつまみに。
残ったら、翌日の朝食にもおすすめです。

材料（20.5×16×深さ3cmのホーローバット1台分）
ツナ缶　100g
キャベツ　100g
ミニトマト　5個
卵　2個
A｜牛乳　60g
　｜オリーブ油　60g
　｜グラニュー糖　10g
　｜塩　2g
　｜粗びき黒こしょう　1g
　｜粒マスタード　15g
パルメザンチーズ（すりおろす）　40g
薄力粉　120g
ベーキングパウダー　4g

下準備
・ホーローバットにオーブンシートを敷き込んでおく。

1　キャベツは5mm幅に切る。ミニトマトは半分に切る。フライパンにオリーブ油少々（分量外）を中火で熱し、キャベツを炒める。しんなりしてきたら塩、こしょう各少々（分量外）をふり、取り出して冷ます。
2　ボウルに卵を入れて泡立て器で溶きほぐし、**A**を加えて混ぜ合わせる。
3　パルメザンチーズを加えて混ぜる。
4　薄力粉とベーキングパウダーを合わせてふるい入れ、8割方混ざるまで、ゴムべらでさっくりと30回ほどすくい上げるようにして混ぜる。
5　キャベツとツナの半量を加えて5回ほどさっくりと混ぜ、バットに流し込む。
6　表面に残りのキャベツとツナ、トマトを散らし、180度に予熱したオーブンで30分焼く（竹串を刺して生地がついてこない状態）。
7　バットから出し、網にのせて粗熱を取る。

10 焼きいもとベーコンのメープルケークサレ

焼きいもとメープルシロップが入った
甘じょっぱいケークサレ。
しっとりした生地がたまりません。

材料（20.5×16×深さ3cmのホーローバット1台分）
焼きいも　100g
ベーコン（薄切り）　3枚（50g）
卵　2個
A｜牛乳　60g
　｜オリーブ油　60g
　｜メープルシロップ　45g
　｜塩、粗びき黒こしょう　各1g
パルメザンチーズ（すりおろす）　50g
薄力粉　120g
ベーキングパウダー　4g

下準備
・ホーローバットにオーブンシートを敷き込んでおく。

1　「ツナ、キャベツ、トマトのケークサレ」の作り方**2**～**4**と同様に生地を作る。
2　焼きいもは一口大にちぎり、半量を加えて5回ほどさっくりと混ぜ、バットに流し込む。
3　表面にベーコン（長ければ半分に切る）をのせ、残りの焼きいもを散らし、180度に予熱したオーブンで30分焼く（竹串を刺して生地がついてこない状態）。
4　バットから出し、網にのせて粗熱を取る。

きのことチーズのタルトフランベ

ベーコンと玉ねぎのタルトフランベ

大きく焼いて、おつまみサイズにカット。このくらいラフに楽しむのがちょうどいい。

11 ベーコンと玉ねぎのタルトフランベ

フランスのアルザス地方などで食べられている、
ピザに似た郷土料理。クリスピータイプの
薄い生地で、発酵不要なのですぐに作れます。

材料（1枚分）

［生地］
強力粉　50g
薄力粉　50g
オリーブ油　10g

［クリーム］
サワークリーム　70g
生クリーム（乳脂肪分36％のもの）　30g
塩　ふたつまみ
卵黄　½個分

玉ねぎ　¼個
ベーコン（薄切り）　40g
ナツメグ（好みで）　適量
粗びき黒こしょう　適量
パルメザンチーズ
　（すりおろす）　適量

1　ボウルに強力粉と薄力粉を合わせてふるい入れ、水50mℓ、オリーブ油を少しずつ加えてゴムべらで混ぜ、生地をまとめる。
2　台に出してなめらかになるまで2分ほどこね、ラップで包み、30分ほど冷蔵庫で休ませる。
3　ボウルにサワークリーム、生クリーム、塩、卵黄を入れ、ゴムべらでなめらかになるまで混ぜる。
4　玉ねぎは薄切りに、ベーコンは1cm幅に切る。
5　**2**の生地をオーブンシートの上で20×25cmほどの長方形に麺棒でのばし、**3**のクリームを広げ、玉ねぎ、ベーコン、ナツメグ、黒こしょう、パルメザンチーズを散らす。
6　230度に予熱したオーブンで15分ほど焼く。

12 きのことチーズのタルトフランベ

本場ではフロマージュブランを使うクリーム。
日本で手に入りやすいサワークリームで
代用しました。

材料（1枚分）
［生地］［クリーム］は
「ベーコンと玉ねぎのタルトフランベ」と同様

マッシュルーム　50g
まいたけ　50g
玉ねぎ　¼個
バター　大さじ1
粗びき黒こしょう　適量
パルメザンチーズ（すりおろす）
　適量

1　「ベーコンと玉ねぎのタルトフランベ」の工程**1**～**3**と同様に生地とクリームを作る。
2　マッシュルームと玉ねぎは薄切りに、まいたけは食べやすい大きさに裂く。
3　フライパンにバターを熱して溶かし、**2**を入れてしんなりするまで炒める。塩、こしょう（各分量外）をふり、取り出して冷ます。
4　「ベーコンと玉ねぎのタルトフランベ」の工程**5**と同様に生地をのばしてクリームを広げ、**3**をまんべんなく散らし、黒こしょう、パルメザンチーズをふる。
5　230度に予熱したオーブンで15分ほど焼く。

冷水希三子さんの
フルーツと
ハーブのつまみ

甘みと酸味のあるフルーツは
食材であり、調味料にもなる存在。
甘みの強いフルーツには、
ハーブの香りを合わせると
バランスがよくなります。

フルーツやハーブの特徴を生かすには、
混ぜすぎないことがポイント。
それぞれの味や香りを立たせるためには、
器の上で盛り合わせるのもひとつの手です。

小さな豆皿の上で凛とした美しい姿を見せる
冷水希三子さんのつまみを作ってみてください。

ひやみず・きみこ

料理家。レストランやカフェ勤務を経て独立。食材の味を生かしたシンプルで丁寧な料理が人気を集め、雑誌やウェブなどで活躍するほか、料理教室も主宰。料理にまつわるコーディネートやスタイリングにも定評がある。

1

盛り付けにひと工夫

いちじくのハーブ白和え

→レシピ p.84

2

ソースがフルーツをおいしくする

キウイのミントヨーグルトサラダ

→レシピ p.84

3

みずみずしい美しさ

メロンとディルのサラダ

→レシピ p.85

4

酸味と甘みのコントラスト

グレープフルーツとバジルの卵サラダ

→レシピ p.85

1 いちじくのハーブ白和え

白和え衣といちじく、ハーブを別々に盛ることで、
味が単一にならず、それぞれの味も楽しめます。
白和え衣はミキサーを使うとなめらかに。

材料（2人分）
いちじく　1個
ハーブ（イタリアンパセリ、ディル、
　スペアミントなど好みのもの数種類）　適量
レモン果汁　少々
A｜絹ごし豆腐　50g
　｜白練りごま　小さじ1弱
　｜砂糖　小さじ¼
　｜酢　小さじ⅓
　｜塩　少々

1　**A**の材料をミキサーでペースト状にする。
2　いちじくは縦4等分に切る。器に**1**を適量盛り、いちじくをのせてレモン果汁を少しかけ、みじん切りにしたハーブをのせる。

2 キウイのミントヨーグルトサラダ

自家製マヨネーズが味の決め手。
お刺身のように盛り合わせると
見た目も美しいです。

材料（2人分）
キウイ　1個
スペアミント　適量
マヨネーズ*　小さじ1
プレーンヨーグルト（無糖）　大さじ1

1　マヨネーズとヨーグルトを混ぜ合わせる。
2　キウイは皮をむいて半月切りにする。器に盛り、**1**とスペアミントを添える。

＊マヨネーズの材料（作りやすい分量）と作り方
卵1個、白ワインビネガー大さじ1、砂糖小さじ½、塩小さじ⅓、植物油110g、EXVオリーブ油（左下参照）20gをミキサーで攪拌する。

ハーブに、フルーツに、
スッキリ冷えた白ワイン。
体も心も
浄化されるような
さわやかなテーブル。

3 メロンとディルのサラダ

フェタチーズの塩気がアクセント。
きゅうりとメロンの食感の違いを
味わってみてください。

材料（2人分）
メロン　⅛個
ディル　3～4本
きゅうり　½本
紫玉ねぎ　少々
塩　適量
白ワインビネガー　小さじ2
EXVオリーブ油　大さじ1弱
レモン果汁　小さじ½
フェタチーズ　適量

1　紫玉ねぎは薄切りにしてからざく切りにし、水にさらして水気を拭く。メロンは2cm角に切り、ディルは粗いみじん切りにする。
2　きゅうりは皮をむき、2cm大の乱切りにしてボウルに入れる。塩ひとつまみと白ワインビネガー小さじ1、オリーブ油を加えて混ぜる。
3　紫玉ねぎとディル、メロンを加え、白ワインビネガー小さじ1とレモン果汁を加えて混ぜる。
4　皿に盛り、ほぐしたフェタチーズとオリーブ油適量（分量外）をかける。

きゅうりの皮をむくことで
メロンの黄緑色とそろい、
一体感が出ます。

4 グレープフルーツとバジルの卵サラダ

酸味のあるグレープフルーツには
甘みのある卵がよく合います。
ソースが染みてしっとりした卵もおいしい。

材料（2人分）
グレープフルーツ　½個
バジル　5g
卵　1個
EXVオリーブ油　適量
A｜グレープフルーツ果汁　大さじ2
｜ナンプラー　小さじ½強
｜白ワインビネガー　小さじ½
｜EXVオリーブ油　大さじ1
チリペッパー（好みで）　適量

1　グレープフルーツは皮と薄皮をむき、**A**の果汁分を搾って、それ以外は一口大に切る。
2　フライパンにオリーブ油を入れて温め、溶きほぐした卵を入れる。縁が固まってきたらゆっくりとかき混ぜ、スクランブルエッグを作る。
3　ボウルに**A**を合わせ、**1**、**2**、バジルを加えて混ぜる。器に盛り、チリペッパーをふる。

＊EXVオリーブ油とはエクストラバージンオリーブ油のこと。酸度0.8%以下と高品質で、風味や香りが高い。

5 いちごとパクチーのセヴィーチェ

赤と白のコントラストで
目でも楽しめる華やかな一皿。
ライムの酸味でキリッと引き締めます。

材料（2人分）
白身魚（刺身用）　150g
いちご　4個
ミニトマト　3個
パクチー　1株
紫玉ねぎ　少々
ハラペーニョの酢漬け　少々
A｜ライム果汁　30mℓ
　｜水　10mℓ
　｜酒　5mℓ
　｜塩　小さじ¼

手でやさしく和えると
素材がつぶれずに
まんべんなく混ざります。

1　白身魚は2cm角に切る。紫玉ねぎは薄切りにしてからざく切りにし、水にさらして水気を拭く。ハラペーニョはみじん切りにする。
2　ボウルに**A**を合わせ、**1**を加えて混ぜる。
3　いちごは1～2cm角に、ミニトマトは4等分に切る。パクチーはみじん切りにする。
4　**2**のボウルに**3**を加えて混ぜる。

6 柿とタイムのマッシュポテサラ

柿は焼くと甘みが増すので、熟していないものでも大丈夫。
クリーミーなマッシュポテトと
まったりとした柿がよく合います。

材料（2人分）
じゃがいも　100g
柿　½個
タイム　3〜4本
塩　適量
バター　20g
牛乳　30〜50mℓ
EXVオリーブ油　少々
白ワインビネガー　小さじ2

1　じゃがいもは皮をむいて半分に切り、1cmほどの厚さに切って水にさらす。鍋に水と塩（水の容量の0.8％程度）、水気を切ったじゃがいもを入れて火にかけ、沸騰したら弱火にしてやわらかくなるまでゆでる。
2　**1**のじゃがいもの水気を切り、裏ごしして鍋に戻し入れ、弱火にかける。小さく切って冷やしておいたバターを加えて混ぜ、温めた牛乳を加えて混ぜる。
3　柿は皮をむいて6等分のくし形切りにする。フライパンにオリーブ油を熱して柿とタイムを入れ、両面を焼く。白ワインビネガーを加えて絡め、火を止める。
4　器に**2**と**3**を盛り合わせる。

焼きながらタイムの香りを
柿に移し、ほどよく透明感が
出るまで火を通します。

7 りんごのフリット ハーブチーズ風味

強力粉と米粉の衣はサクッとして軽い食感。
チーズの塩気とレモンバームのさわやかさで
りんごの甘さをバランスよくまとめます。

材料（2人分）
りんご　¼個
パルミジャーノレッジャーノ　適量
レモンバーム　適量
強力粉　適量
A｜強力粉　40g
　｜米粉（なければ強力粉）　10g
　｜炭酸水（冷蔵庫で冷やしたもの）　100mℓ
揚げ油　適量

1　りんごは1cm厚さくらいの一口大に切る。
2　りんごに強力粉を薄くはたき、混ぜ合わせた**A**をつける。170度の揚げ油に入れて、カリッとするまで揚げる。
3　器に盛り、パルミジャーノをふり、みじん切りにしたレモンバームを散らす。

8 バナナとセージの春巻き

甘いバナナに、セージとレモンの皮の
清涼感で大人っぽい味。
揚げたバナナはとろりとします。

材料（2人分）
バナナ（かためのもの）　10cm
セージ　4〜6枚
レモンの皮　少々
春巻きの皮　2枚
揚げ油　適量

1　バナナは一口大に切る。
2　春巻きの皮にセージとバナナをのせ、レモンの皮をすりおろして巻く。巻き終わりは水溶き小麦粉（材料外）で留める。
3　170度の揚げ油に入れて、カリッとするまで揚げる。

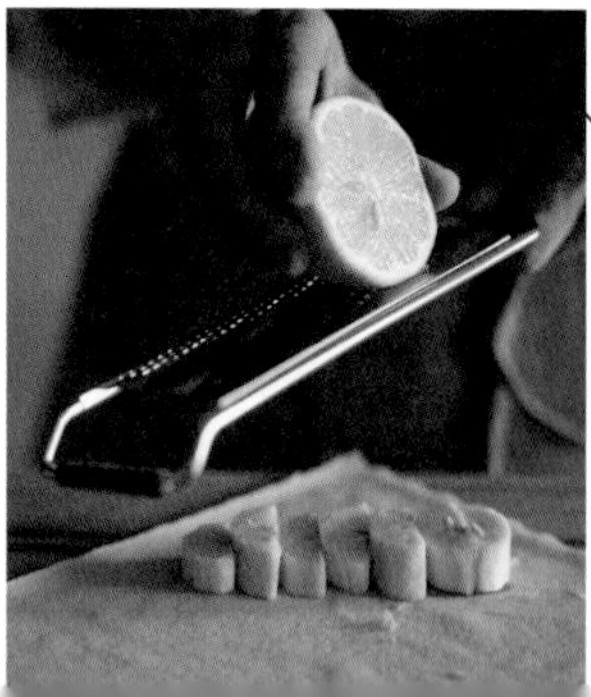

レモンの香りは皮にあります。
皮を使う場合は、国産の無農薬のものがよいでしょう。

9 ほたてのソテーとパイナップルハーブサルサ

夏らしいさわやかなソースが
甘みのあるほたてによく合います。
ほたては焼き目をつけて香ばしく。

サルサは冷蔵庫で4〜5日
もつので多めに作っておきます。
焼いた肉や魚によく合います。

材料（2人分）
ほたて（刺身用）　2個
A
- パイナップル　100g
- きゅうり　5cm
- パクチー　3株
- スペアミント　10g
- ディル　5g
- 紫玉ねぎ（みじん切り）　大さじ1
- 青唐辛子　1〜2本
- ライム果汁　大さじ2
- 白ワインビネガー　小さじ2
- 塩　少々

塩　適量
EXVオリーブ油　少々

1　**A**のパイナップルや野菜類はすべてみじん切りにして、その他の**A**と混ぜ合わせておく。
2　ほたてに塩をふり、オリーブ油を熱したフライパンに入れて強火で両面をさっと焼く。
3　器にほたてを盛り、**1**のサルサを適量かける。

10 焼肉のオレンジパセリソース

脂のしっかりした牛肉も、このソースで食べるとさっぱり。
口の中でとろける肉とともに
オレンジの果汁がはじけます。

材料（2人分）
牛肉（焼肉用）　4枚
A｜オレンジ　½個
　｜紫玉ねぎ　少々
　｜イタリアンパセリ　3～4本
　｜白ワインビネガー　小さじ1
　｜EXVオリーブ油　大さじ½
　｜塩　ひとつまみ
塩　適量

1　**A**の紫玉ねぎは薄切りにしてからざく切りにし、水にさらして水気を拭く。オレンジは皮と薄皮をむいて一口大に切る。イタリアンパセリはみじん切りにする。
2　**A**の材料をすべて混ぜ合わせる。
3　牛肉に塩をふり、強火にかけたフライパンで両面をさっと焼きつけ、中をレアに焼き上げる。
4　皿に**3**を盛り、**2**のソースをかける。

オレンジは薄皮ごと皮をむき、
食感が残るくらいの
大きさに切ります。

11 チキンとぶどうのパクチーソテー

甘みと酸味のあるぶどうと、ぶどうが原料の
バルサミコ酢を合わせて使い、味をつなげました。
パクチーの香りで引き締めます。

材料（2人分）
鶏もも肉　120g
ぶどう（ピオーネなど種なしの黒ぶどう）　60g
パクチー　1株
強力粉　少々
EXVオリーブ油　小さじ1
A｜バルサミコ酢　大さじ½
　｜酒　小さじ1
　｜しょうゆ　小さじ1弱

1　鶏もも肉は一口大に切り、ぶどうは半分に切る。パクチーはみじん切りにする。鶏肉に強力粉を軽くはたく。
2　フライパンにオリーブ油を中火で熱し、鶏肉を入れて炒める。出てきた脂を拭き取り、ぶどうを加えて炒め、合わせた**A**を加えて絡める。
3　火を止め、パクチーを加えて混ぜる。

パクチーは火を通しすぎると
香りがなくなるので、
火を止めてから加えましょう。

12 ポークとプルーンのローズマリー煮込み

材料（作りやすい分量）
豚肩ロース肉（かたまり）　400g
A
- 玉ねぎ　½個
- にんじん　3cm
- にんにく　½かけ
- ローズマリー　2本
- シナモンスティック　1本
- クローブ　3本
- 赤ワイン　200mℓ
- はちみつ　大さじ2
- 塩　小さじ⅔

EXVオリーブ油　大さじ1
トマト水煮缶　200g
プルーン　6個
塩　適量

1　豚肉は3〜4cm角に切る。**A**の玉ねぎとにんじんは薄切りにし、残りの材料とともに保存袋などに入れ、豚肉を加えて冷蔵庫で一晩おく。
2　ボウルにざるをのせて**1**を注ぎ入れ、漬け汁と具に分ける。
3　**2**の豚肉の水気を拭き、フライパンにオリーブ油大さじ½を熱して入れ、表面を焼いて取り出す。肉から出た脂を拭き取り、**2**の漬け汁を入れて中火にかける。汁気が半分になるまで煮詰めたら、ペーパータオルをのせたざるで漉す。
4　煮ている間に鍋にオリーブ油大さじ½を熱し、ざるに残った具を炒める。
5　**4**に焼いた豚肉と濾した煮汁、トマトの水煮を加える。軽くふたをずらして弱火で30分煮る。
6　プルーンと水300mℓを加えてさらに30〜40分煮て、塩で味を調える。

ドライフルーツとスパイス、そして煮込みによく使うローズマリーを組み合わせました。

甘みと酸味のきいたコクのある煮込みです。

冷水さんに教わる

料理と豆皿の合わせ方

豆皿は使いこなし方が難しいと
思っていませんか？
豆皿のみならず、たくさんの素敵な
器をお持ちの冷水さんに、
器選びについて伺いました。

小さめの豆皿は箸置きとして使っても。塩や七味唐辛子などを入れれば一皿で二役。

本来、豆皿とは３寸（約９cm）程度の手のひらにすっぽり収まる和の皿のこと。この本では、一回り大きいサイズや洋風の皿なども使い、ちょっとしたおつまみを盛っています。

お皿はリムがあるもの、ないもの、深さがあるものがありますが、料理の汁気があるかないか、汁をどのくらい盛りたいかで選びます。汁気が多い料理なら、深めの皿のほうが食べやすいですよね。フルーツやハーブなど色が鮮やかな料理はやはり白が映えますし、みじん切りの野菜などを混ぜ合わせたソースなどは、ソースに複数の色が入っているので、柄ものの皿よりもプレーンな皿のほうが映えます。お皿によって料理の見え方が変わるので、色や柄、質感を基準に、料理を盛ったときにどう見えるかを想像しながら楽しんでください。

豆皿は小さいのでお値段も手頃ですし、色や柄のかわいさで選ぶのが楽しいものです。気に入った皿を１～２枚ずつ集めて、気分で使い分けるとよいでしょう。洋皿に和食、和皿に洋食を盛ってみるなど、細かいことを気にせずに気軽に試してみてください。テーブルの上で、和と洋の豆皿が交ざっているのも楽しげでよいですね。

COLUMN 3 ｜わたしのとっておき豆皿

「お気に入りの豆皿を教えてください」との要望に応えて
厳選した4枚を見せてくれました。
それぞれの豆皿との出合いのエピソードも添えて。

大野さん

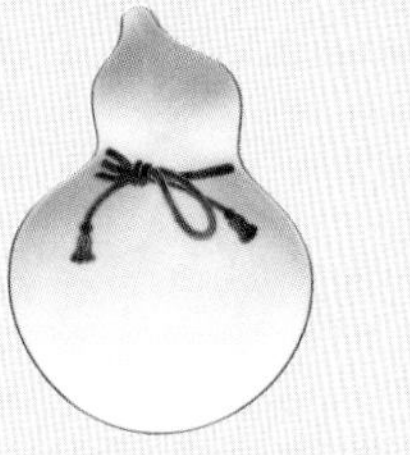

ひょうたん形が気に入って購入。先端には何ものせず、余白を生かして盛り付けます。長径 12.5cm

色数が多い絵柄の皿は見て楽しめるから好き。門前仲町の参道沿いにあるお気に入りの骨董店で。直径 12cm

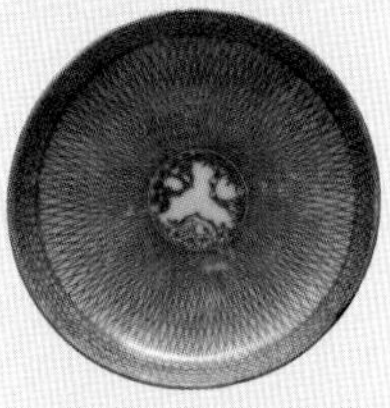

日曜日に定期的に開かれている富岡八幡宮の骨董市で見つけた皿。染付の皿はお店でよく使います。直径 10cm

赤と青のラフな絵柄が楽しげな八角形の鉢皿。里いもやこんにゃくの煮ものなど、地味な料理も映えます。直径 8cm

ワタナベさん

平らで板状に作られている赤茶色の皿。日本人作家さんのもので、ナッツなどを盛るのにちょうどいい。直径 9.5cm

五角形のほかにひし形もあり、形が気に入って購入した棚橋祐介さんの皿。たれやしょうゆ皿にも。長径 9cm

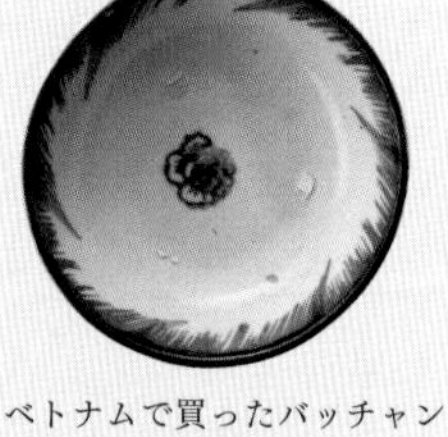

ベトナムで買ったバッチャン焼きの皿。生春巻きのたれを入れるほか、高さがあるので和えものにも。直径 9.5cm

色絵が人気の伊藤聡信さんの皿。絵柄違いで2枚持っています。独特なタッチと色使いが魅力です。直径 7.5cm

上田さん

京都の蚤の市で見つけた皿。生活雑器だから、手頃な価格のものを買いそろえるようにしています。直径 10.5cm

京都の器店で、絵柄違いで購入。同じサイズを4枚程度まとめて買うと収納もしやすいです。直径 11cm

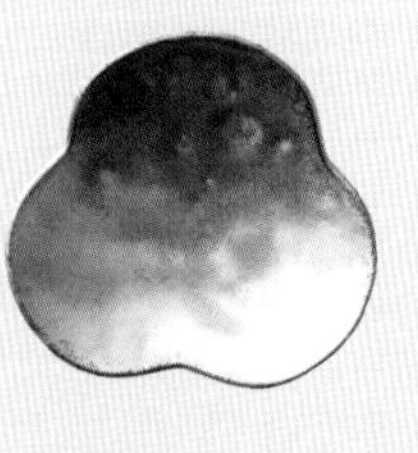

ユニークな形とシルバー色にひと目惚れした作家ものの皿。薬味やナッツなどを入れてもさまになります。長径 8cm

30年以上前にフランスの蚤の市でこの小ささと形のかわいさに惹かれて購入。ナッツやオリーブ入れに。直径 8cm

飛田さん

吉田崇昭さんの器は、鎌倉のギャラリー「うつわ祥見」で。絵柄違いを３枚セットで購入しました。直径 9.5cm

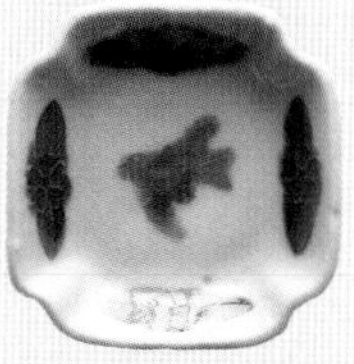

京都の骨董店「大吉」で見つけたもの。薬味を入れたり、箸置きにしたりといろいろな使い道があります。7cm 四方

長野の「夏至」で購入した岸野寛さんの皿。わが家は白い皿が多く、色ものが少ないので重宝しています。直径 9cm

長年のファンである伊藤環さんの白い皿をピューター（錫）でお直し。立ち上がりがあって使いやすい。直径 9.5cm

加藤さん

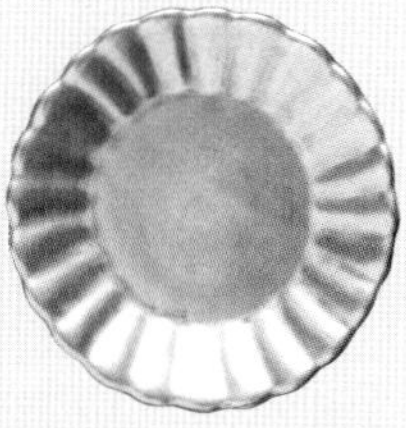

有田のやま平窯のブランド「Y's home style」の菊割小皿。白、ブルー、ピューターを３色セットで購入。直径 10.5cm

深さのあるアスティエの乳白色の器はフランスで。角砂糖を入れたいと思って購入しました。直径 9cm

木村硝子で見つけたごく小さなプレート。ゼリーや羊羹など、ひんやりしたお菓子がよく合います。直径 7cm

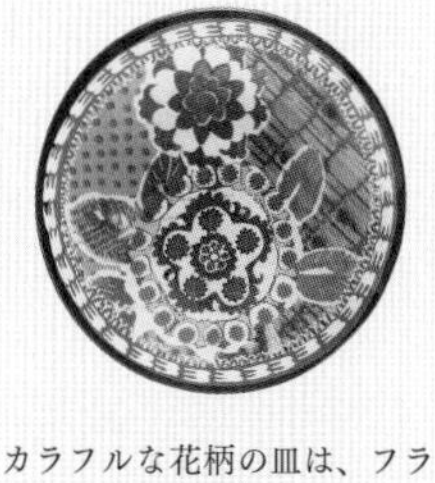

カラフルな花柄の皿は、フラゴナールの石けんとトレイのセット。素朴なクッキーが華やかに見えます。直径 13cm

冷水さん

５枚組みで購入した骨董の皿。無地の皿が多いので、小皿で柄ものを取り入れようと思い選びました。直径 9cm

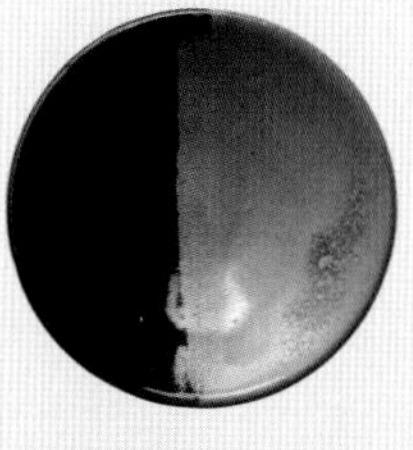

鳥取の因州中井窯の民藝として特徴的な柄の皿。新しいものより、色付けの具合が自然なところが好き。直径 10cm

栃木の益子にある濱田庄司の窯元で購入した民藝の皿。団子皿として売られていたもの。直径 11.5cm

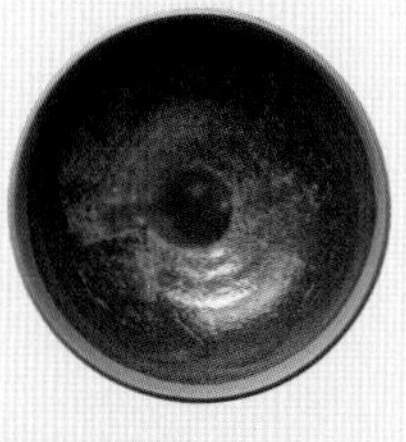

中国の雲南省に行ったときに、窯元の方にもらった皿。高価なものよりこちらのほうが気に入りました。直径 10.5cm

デザイン　福間優子
撮影　木村 拓（東京料理写真）
プリンティングディレクション
　金子雅一（TOPPAN株式会社）
校正　安久都淳子
構成・取材　広谷綾子
編集担当　足立昭子

うちの豆皿つまみ絶品レシピ

編集人　足立昭子
発行人　倉次辰男
発行所　株式会社主婦と生活社
　　　　〒104-8357　東京都中央区京橋3-5-7
　　　　Tel. 03-3563-5321（編集部）
　　　　Tel. 03-3563-5121（販売部）
　　　　Tel. 03-3563-5125（生産部）
　　　　https://www.shufu.co.jp
　　　　ryourinohon@mb.shufu.co.jp
印刷所　TOPPAN株式会社
製本所　株式会社若林製本工場
ISBN978-4-391-16036-9

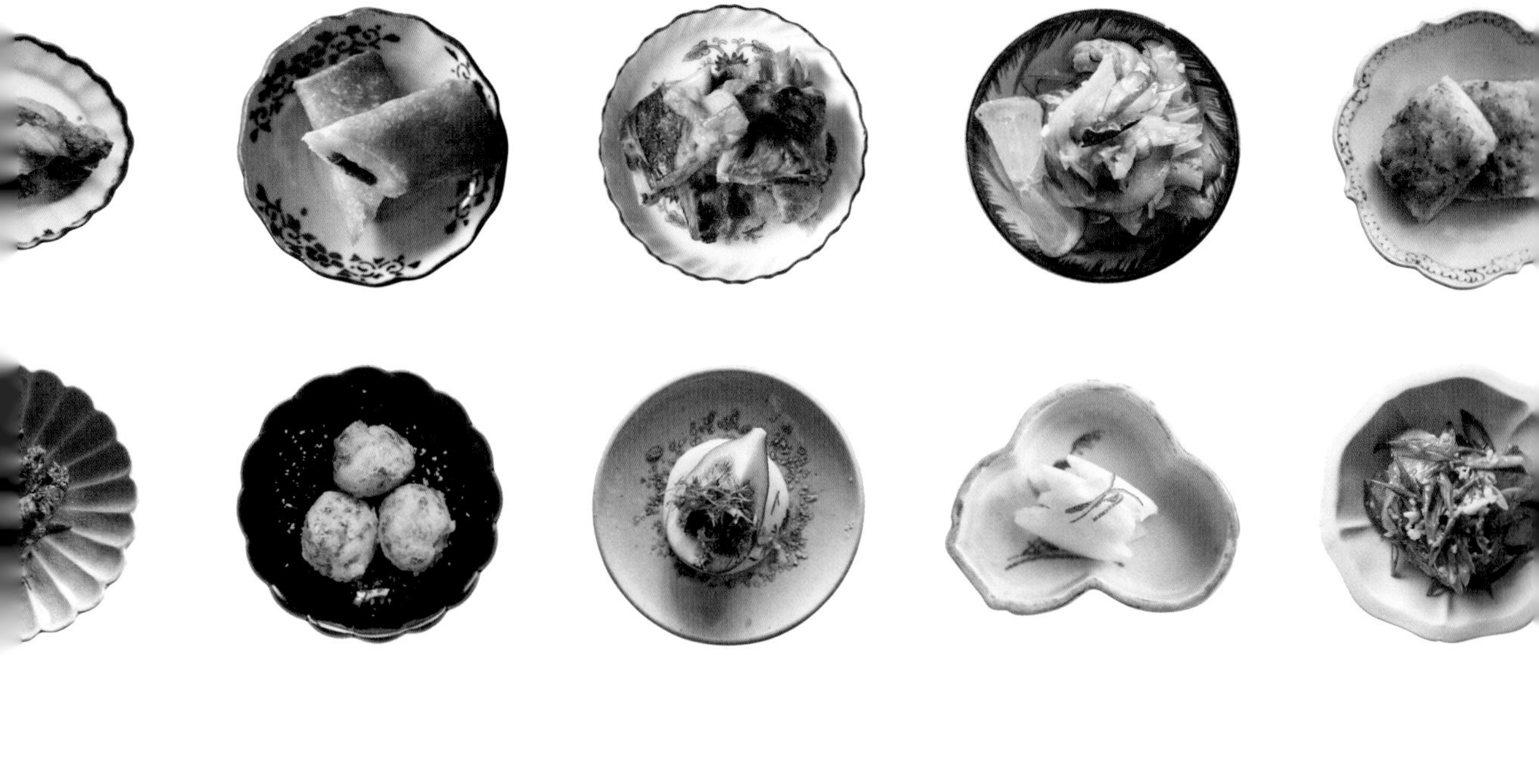